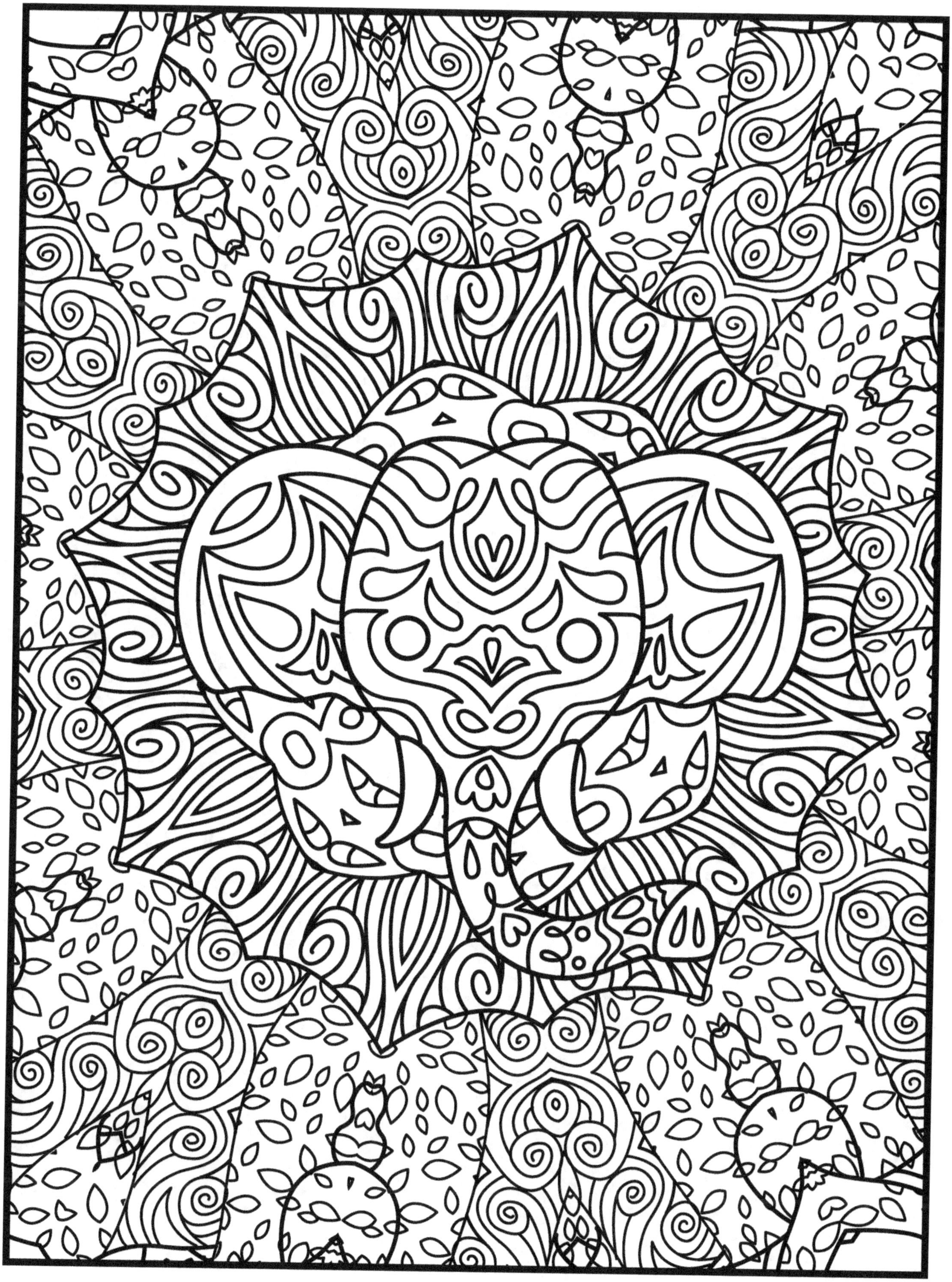

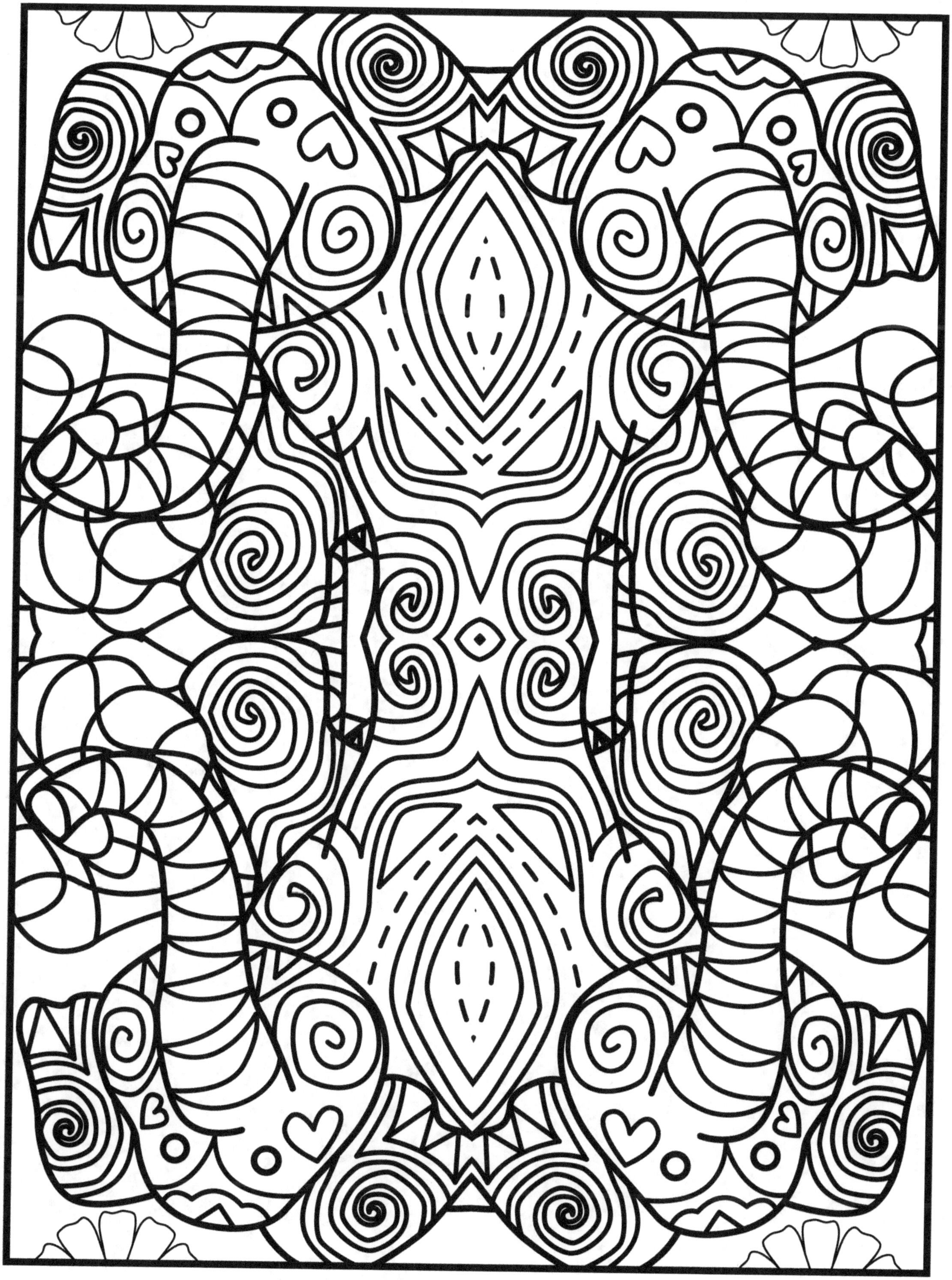

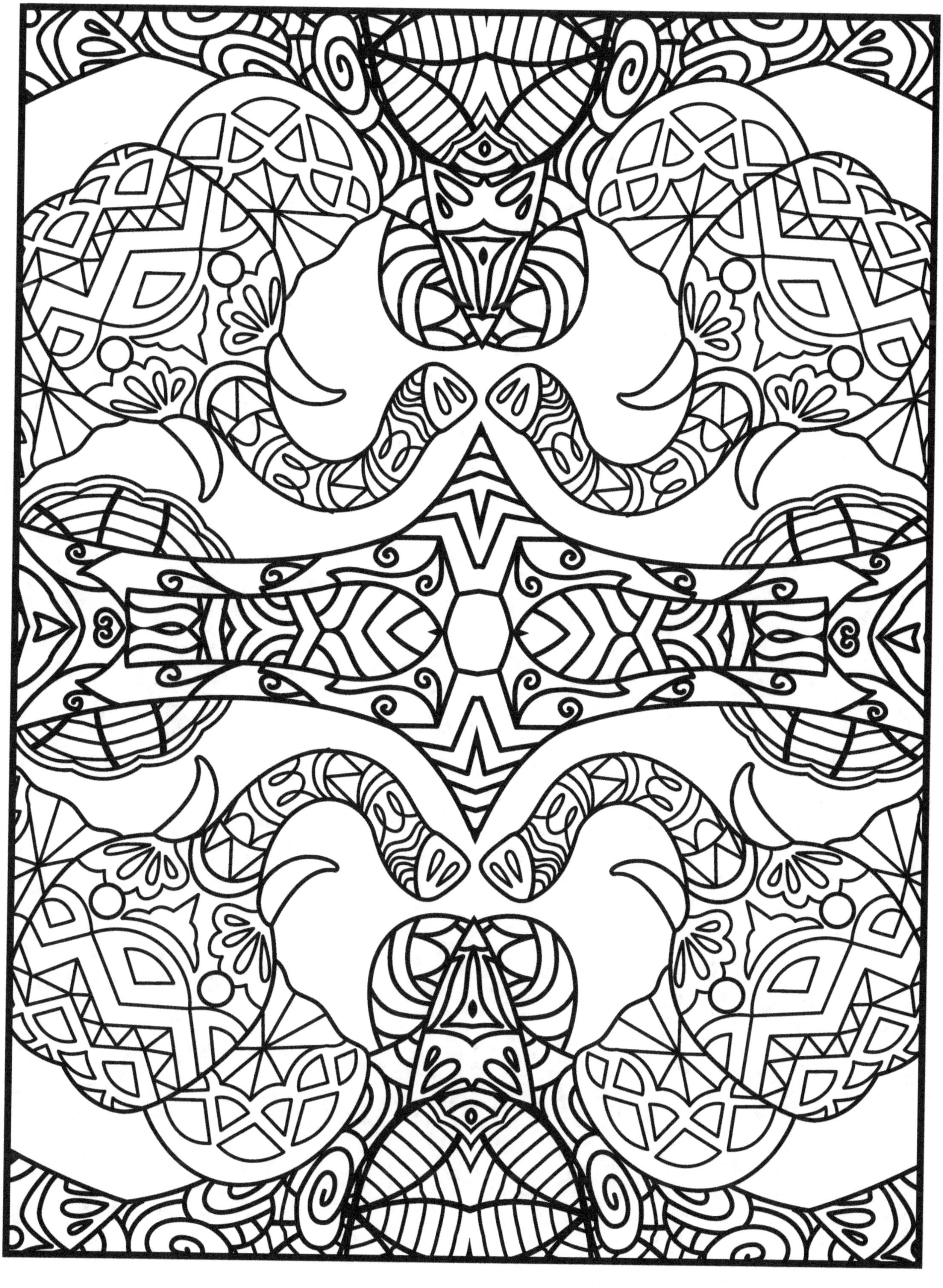

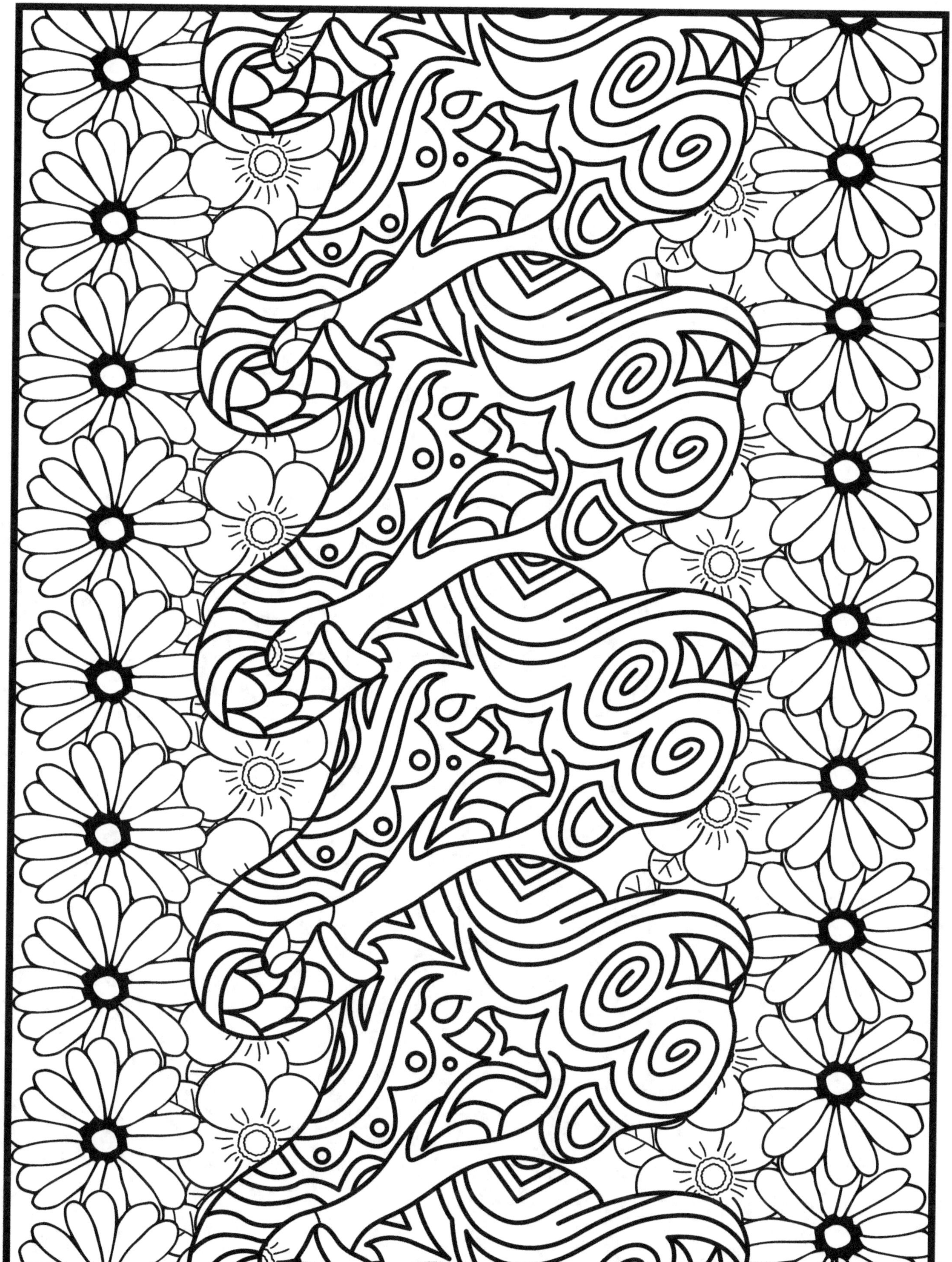

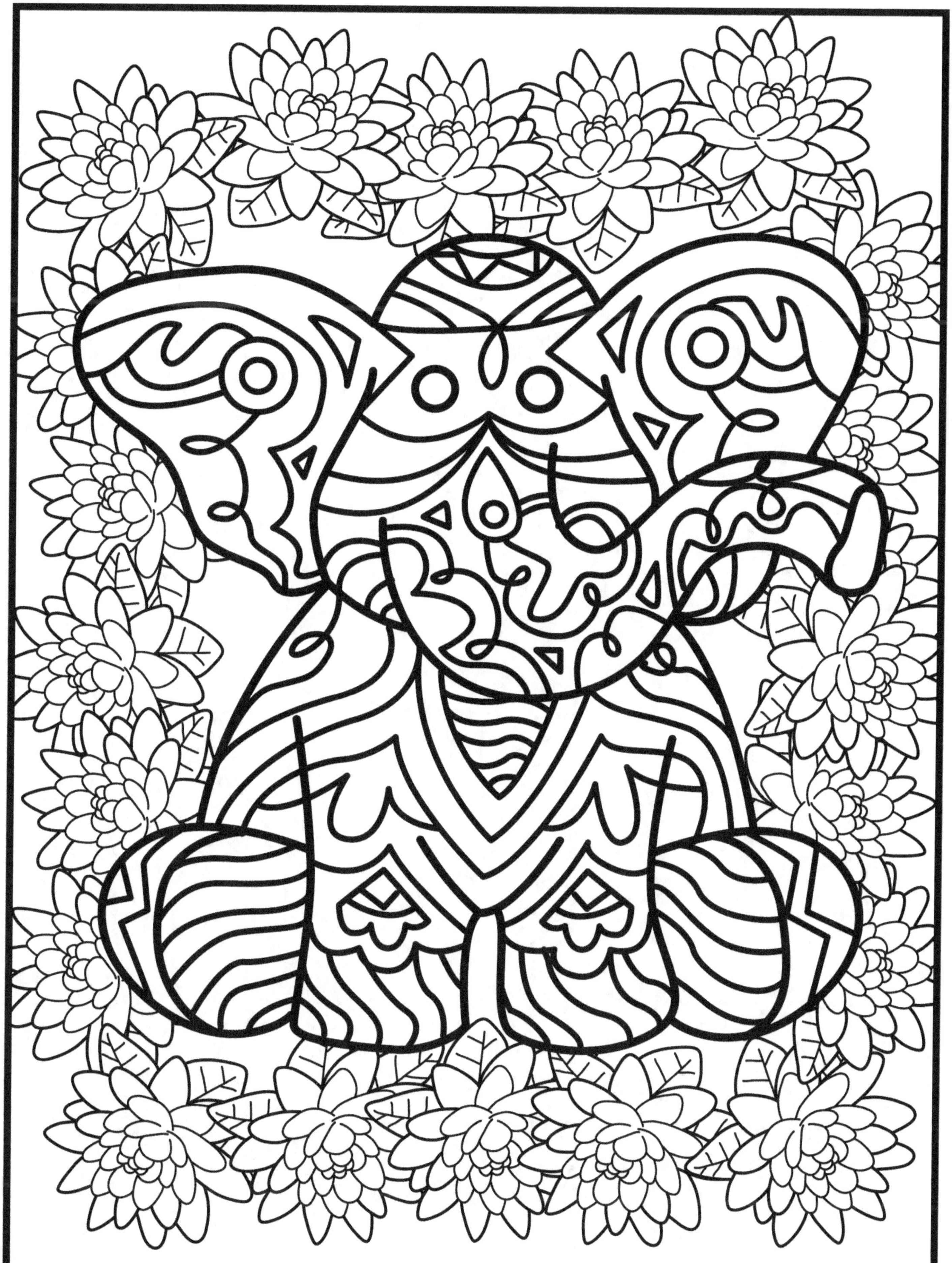

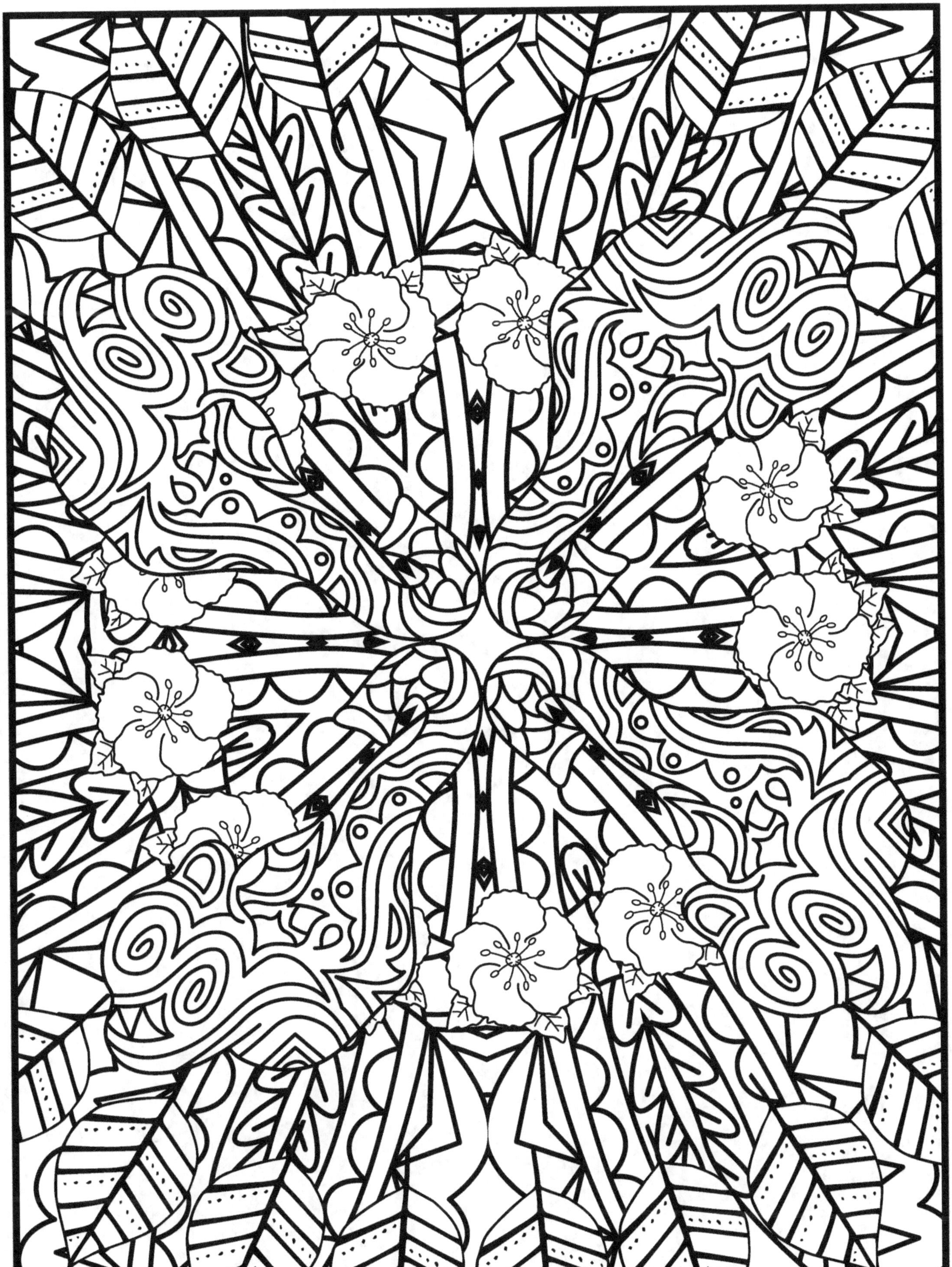

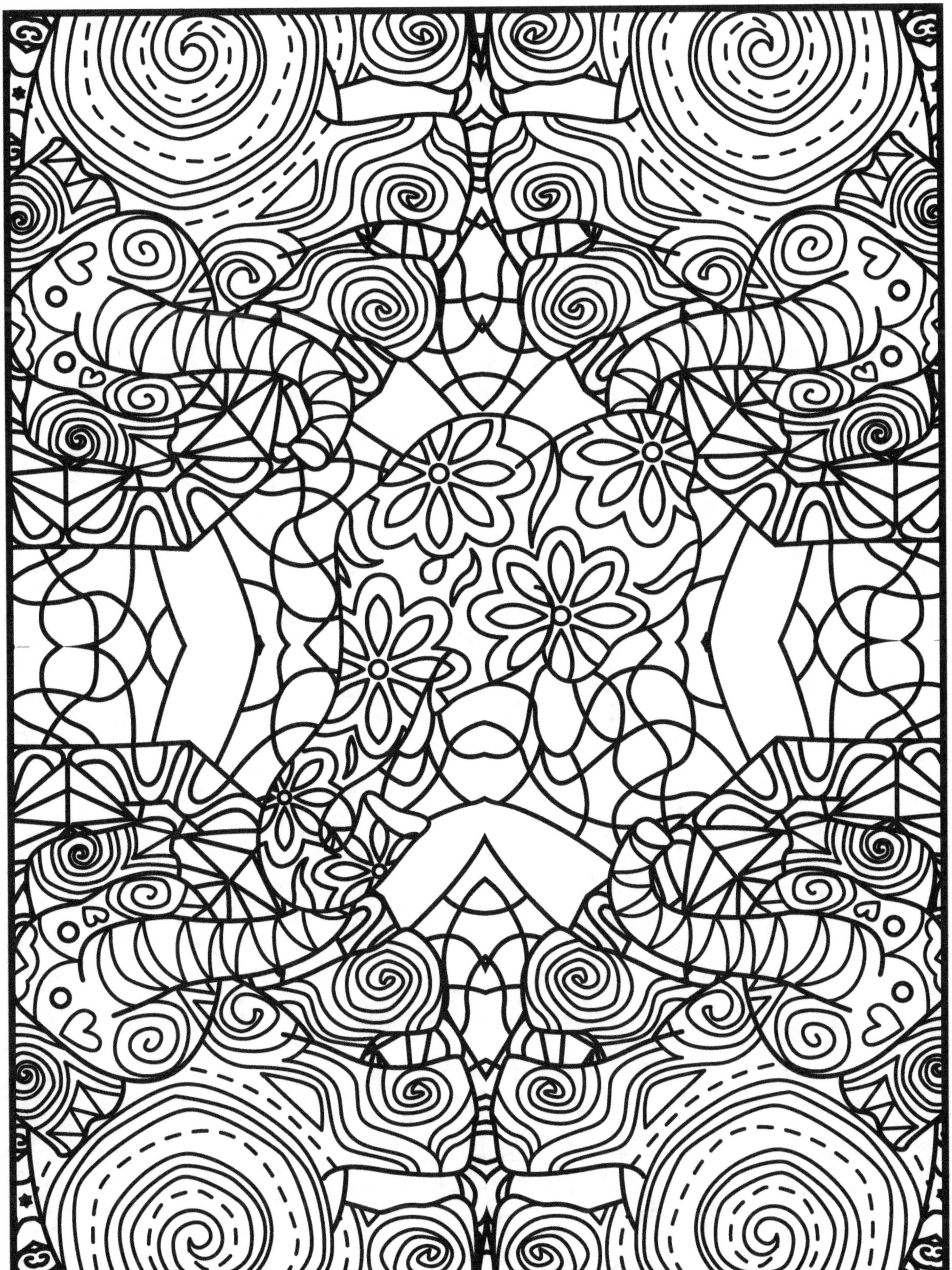

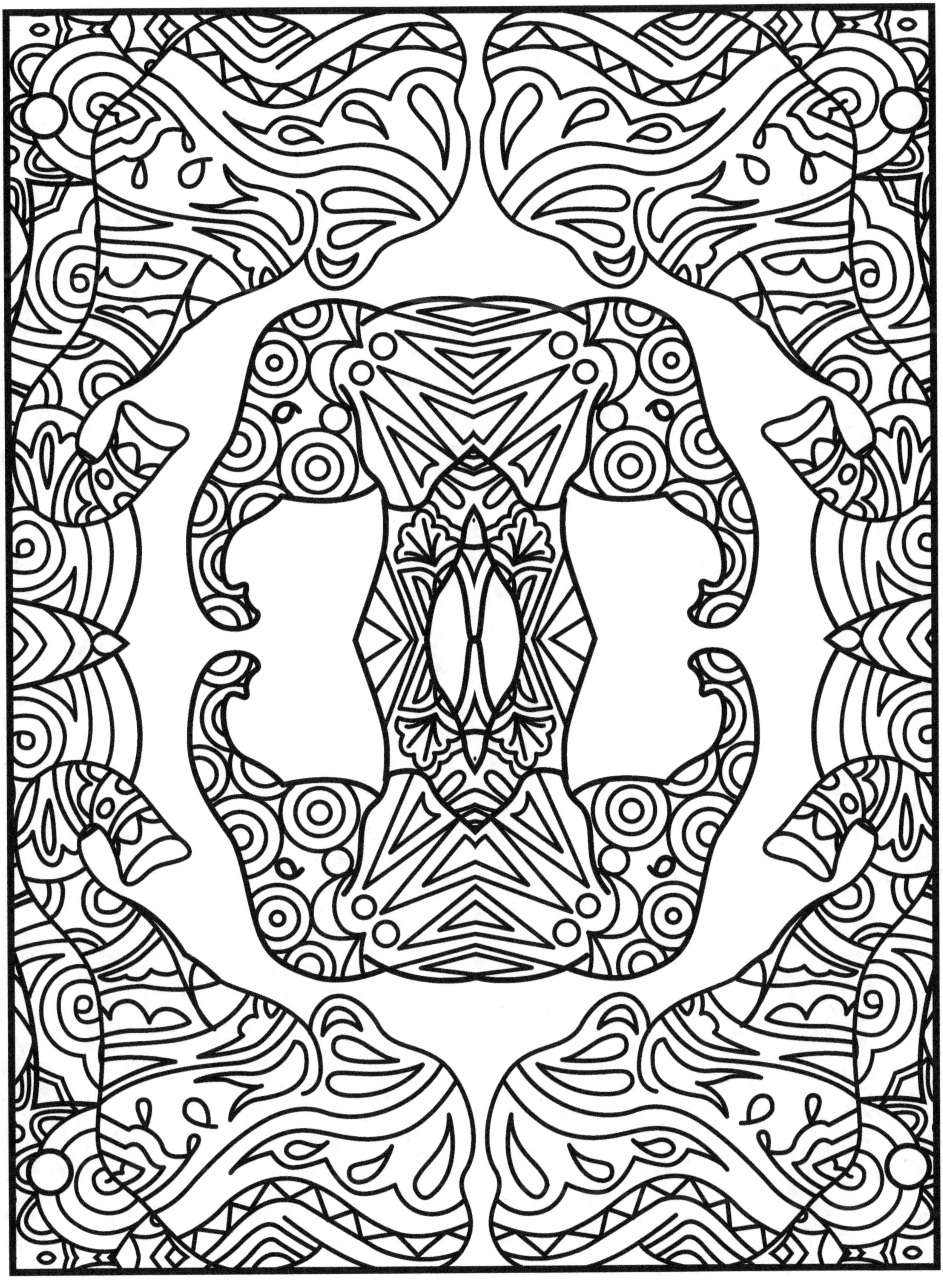

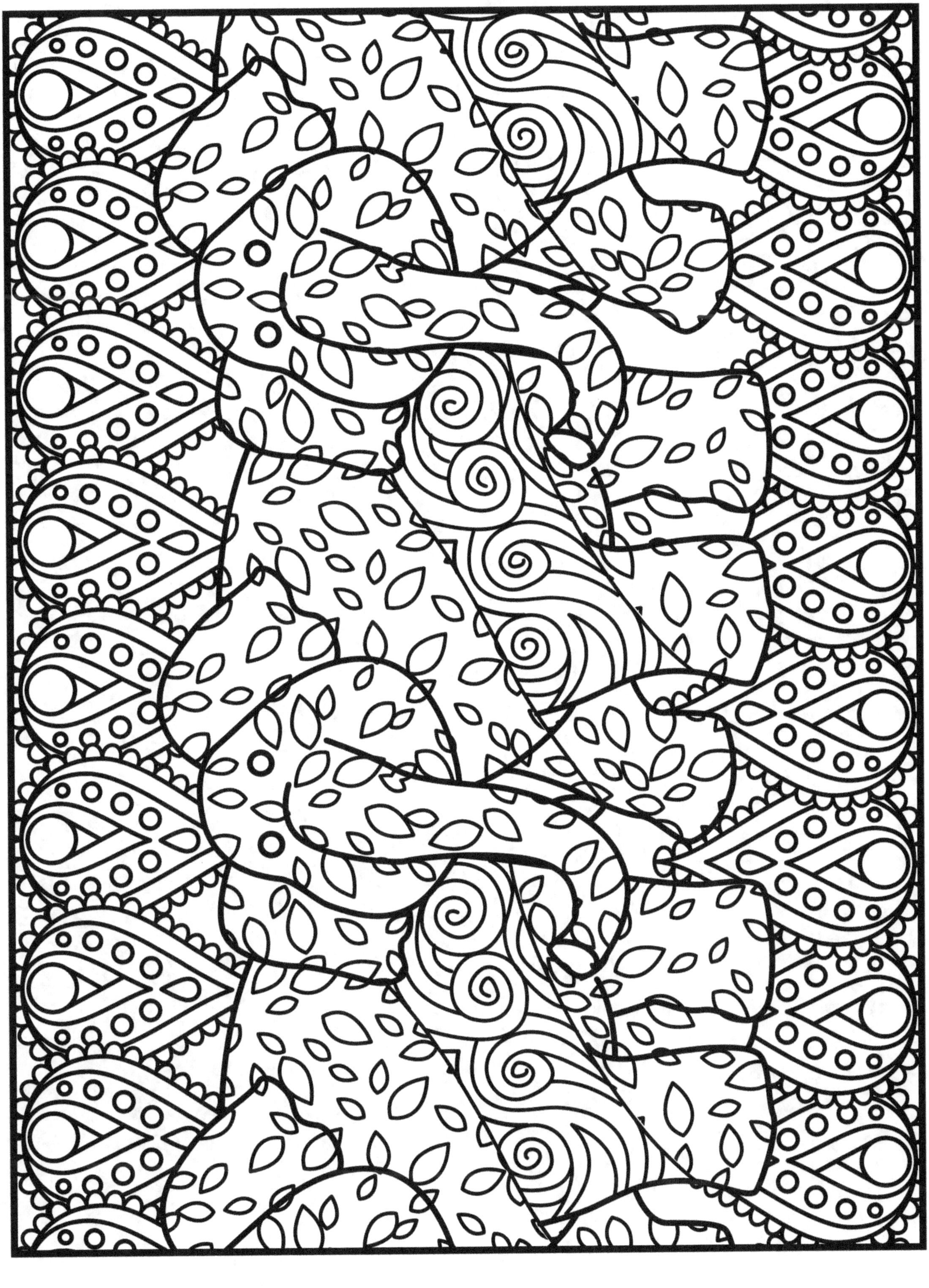

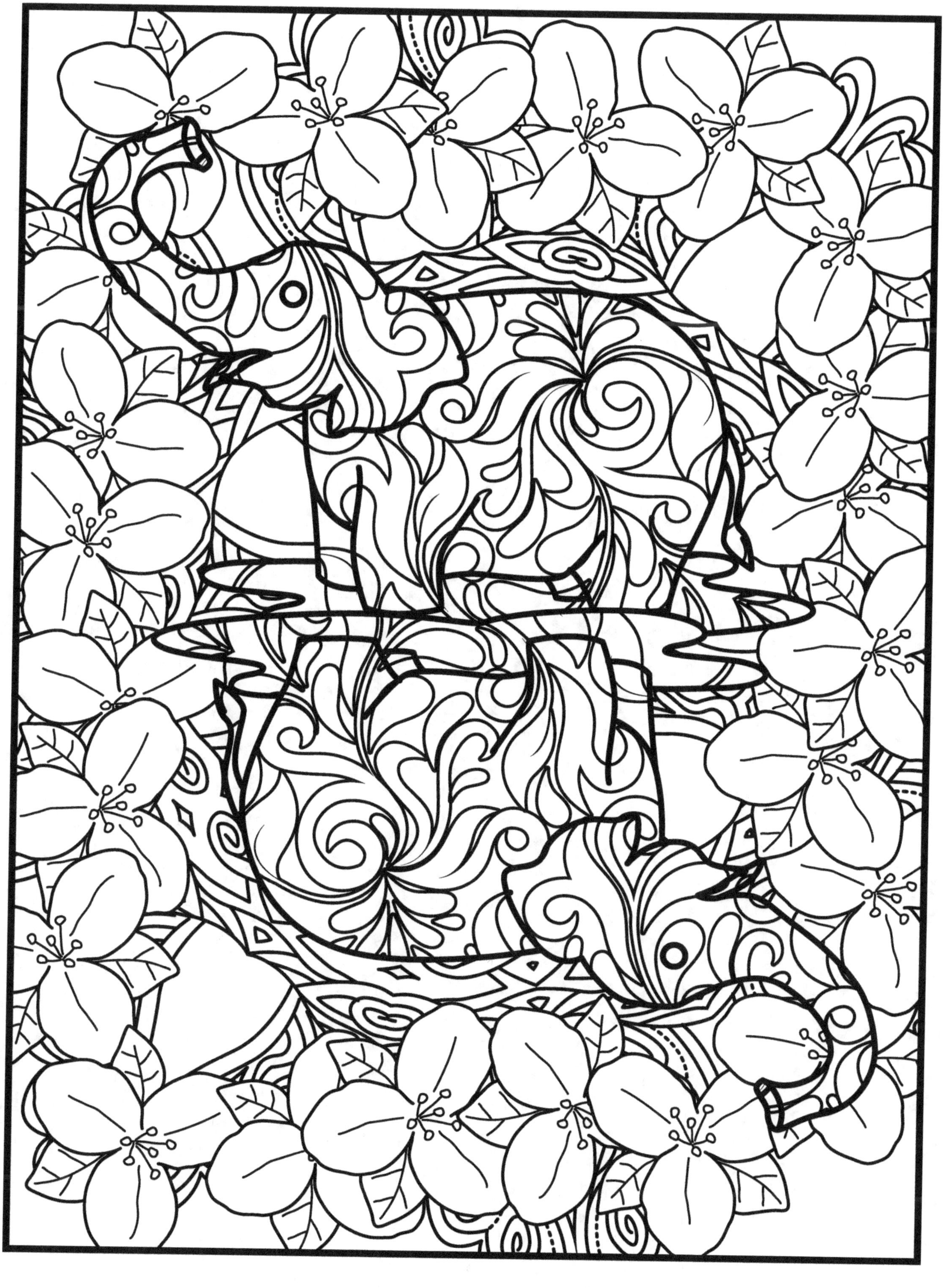

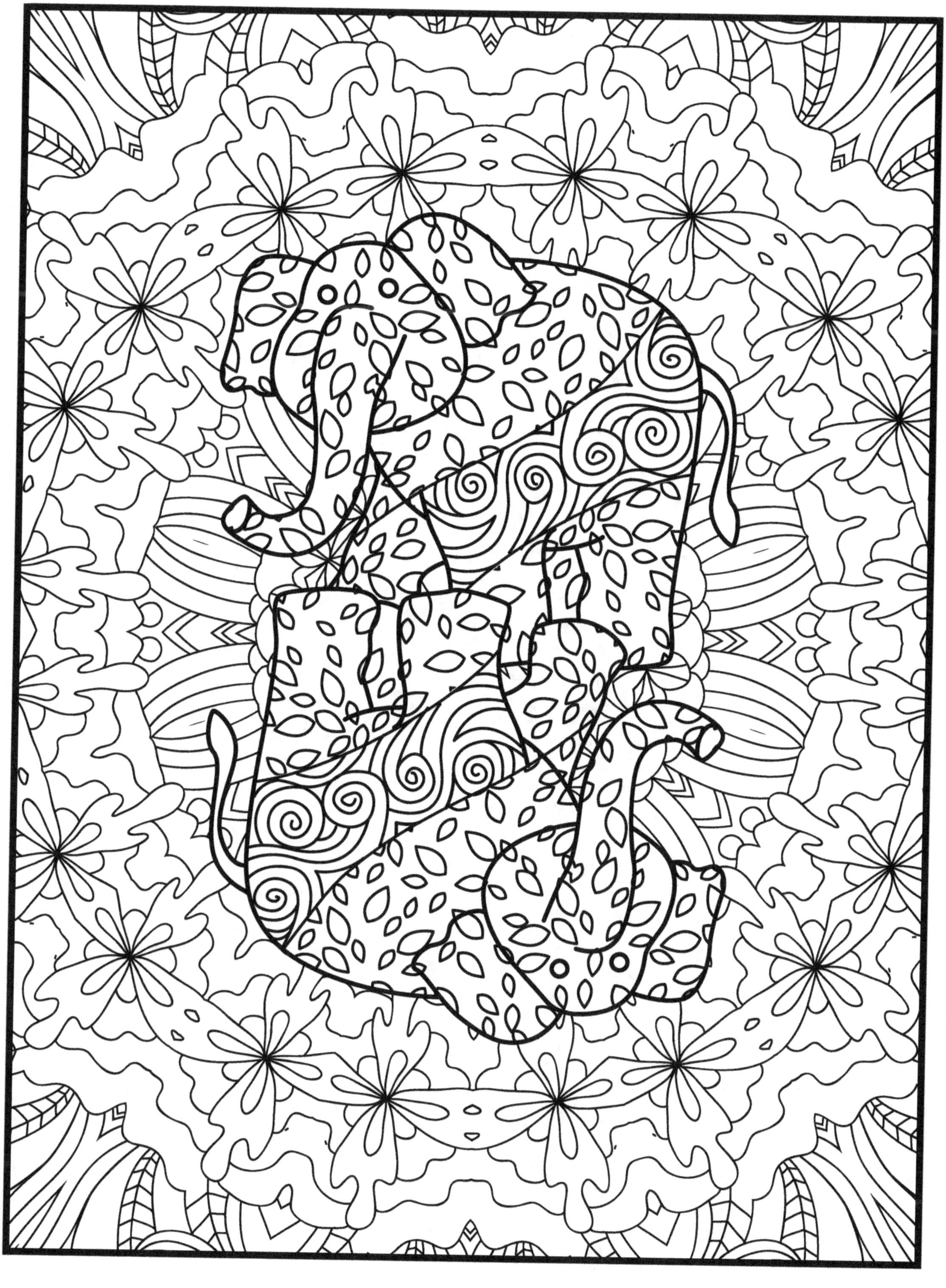

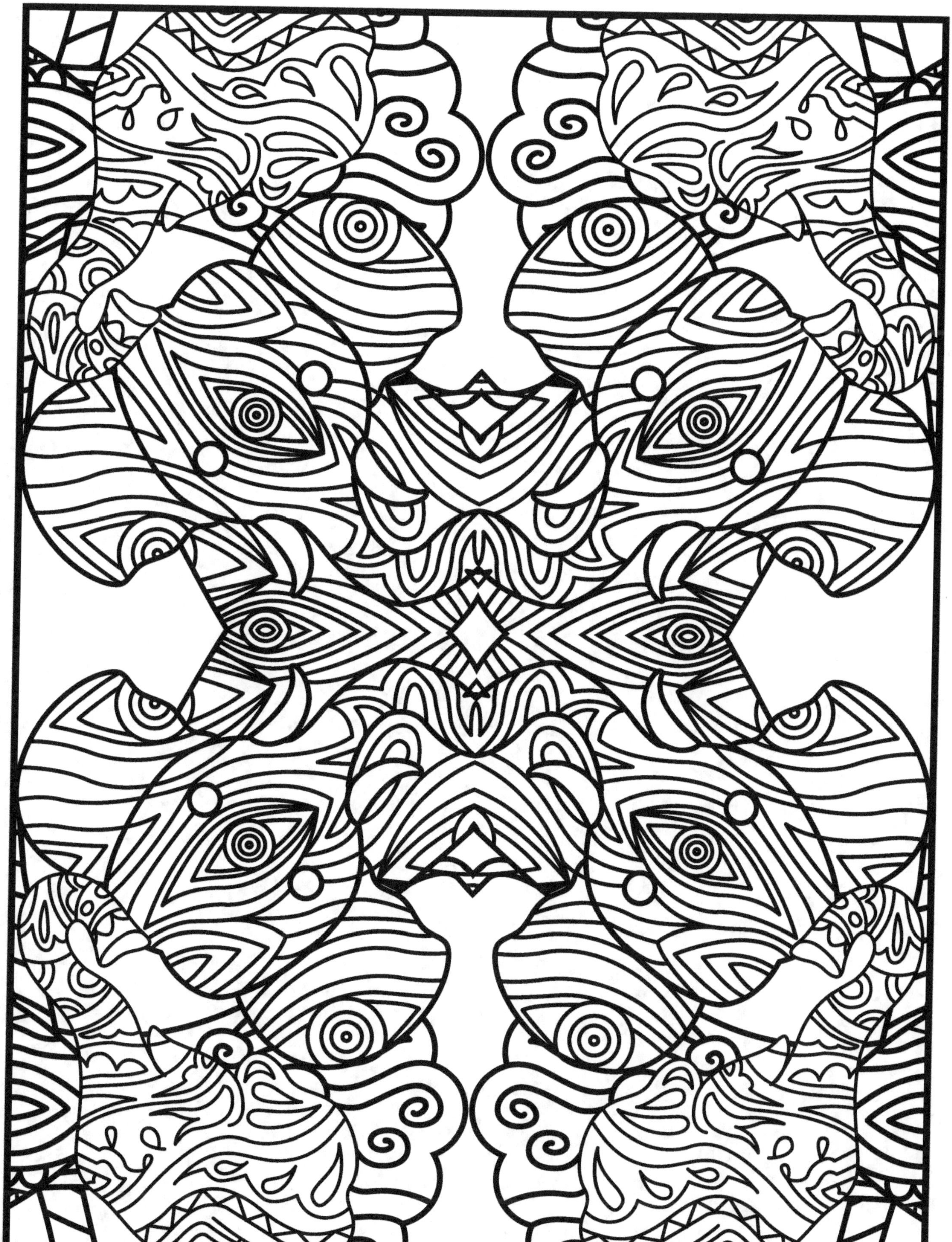

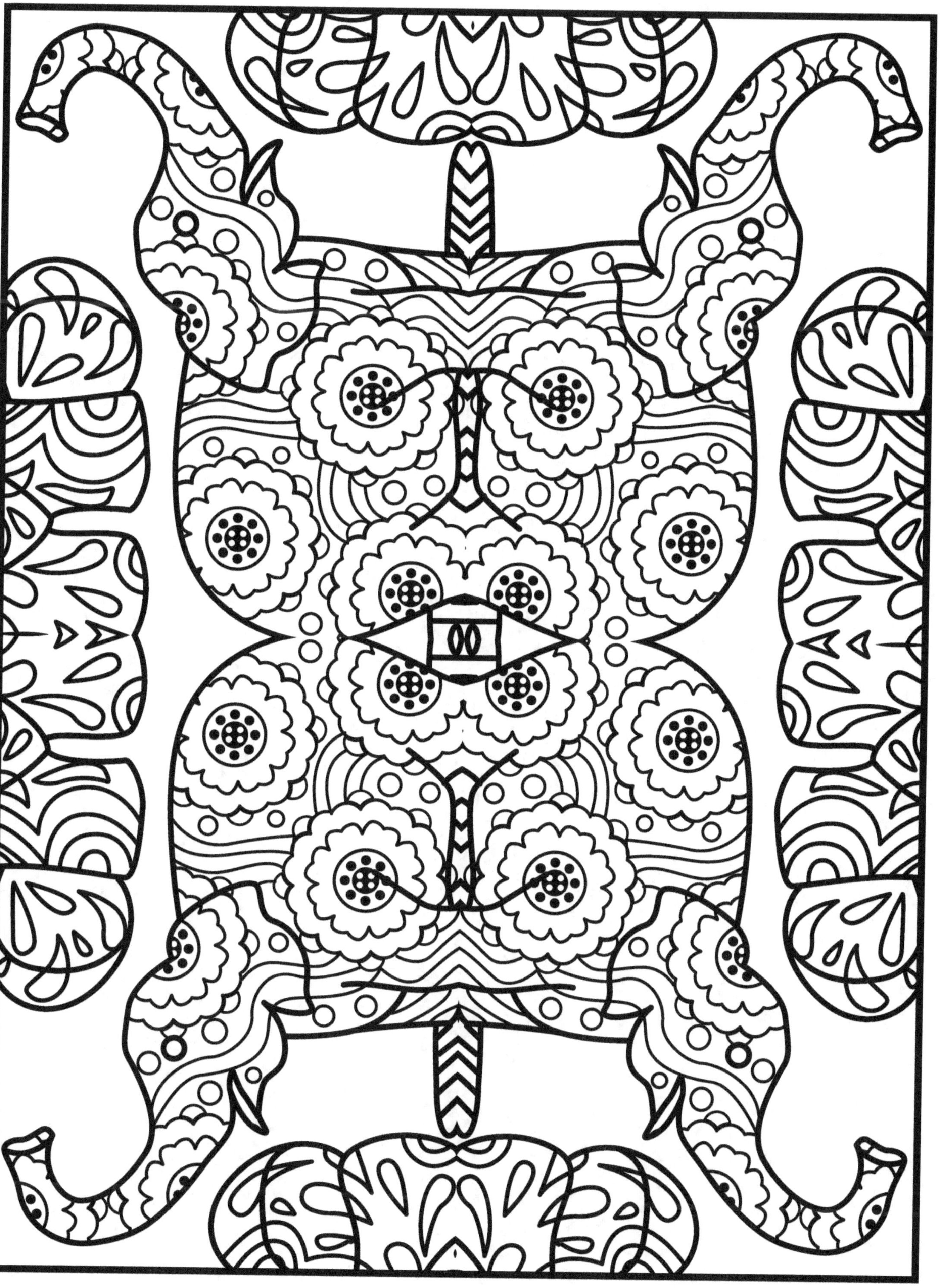

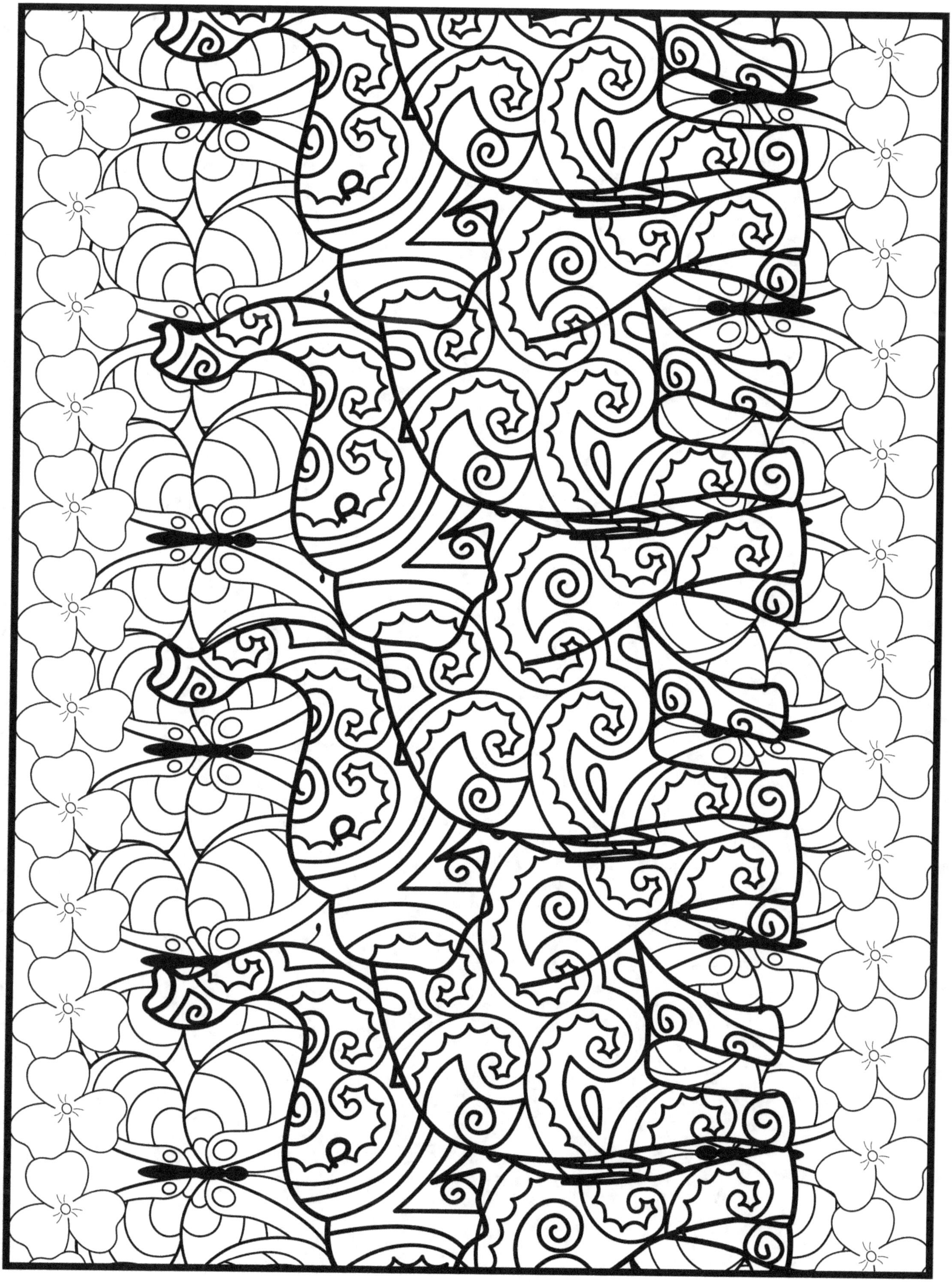

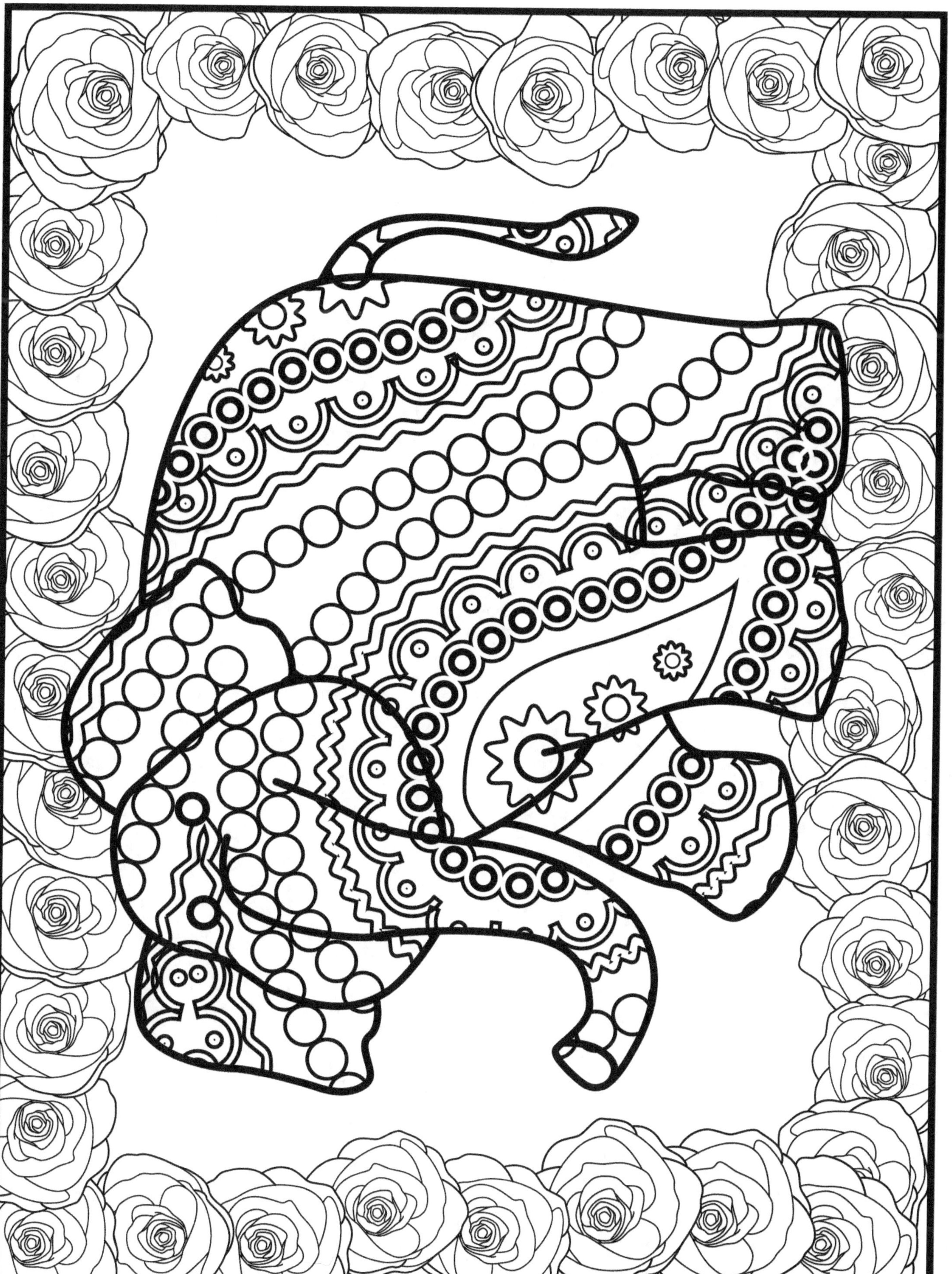

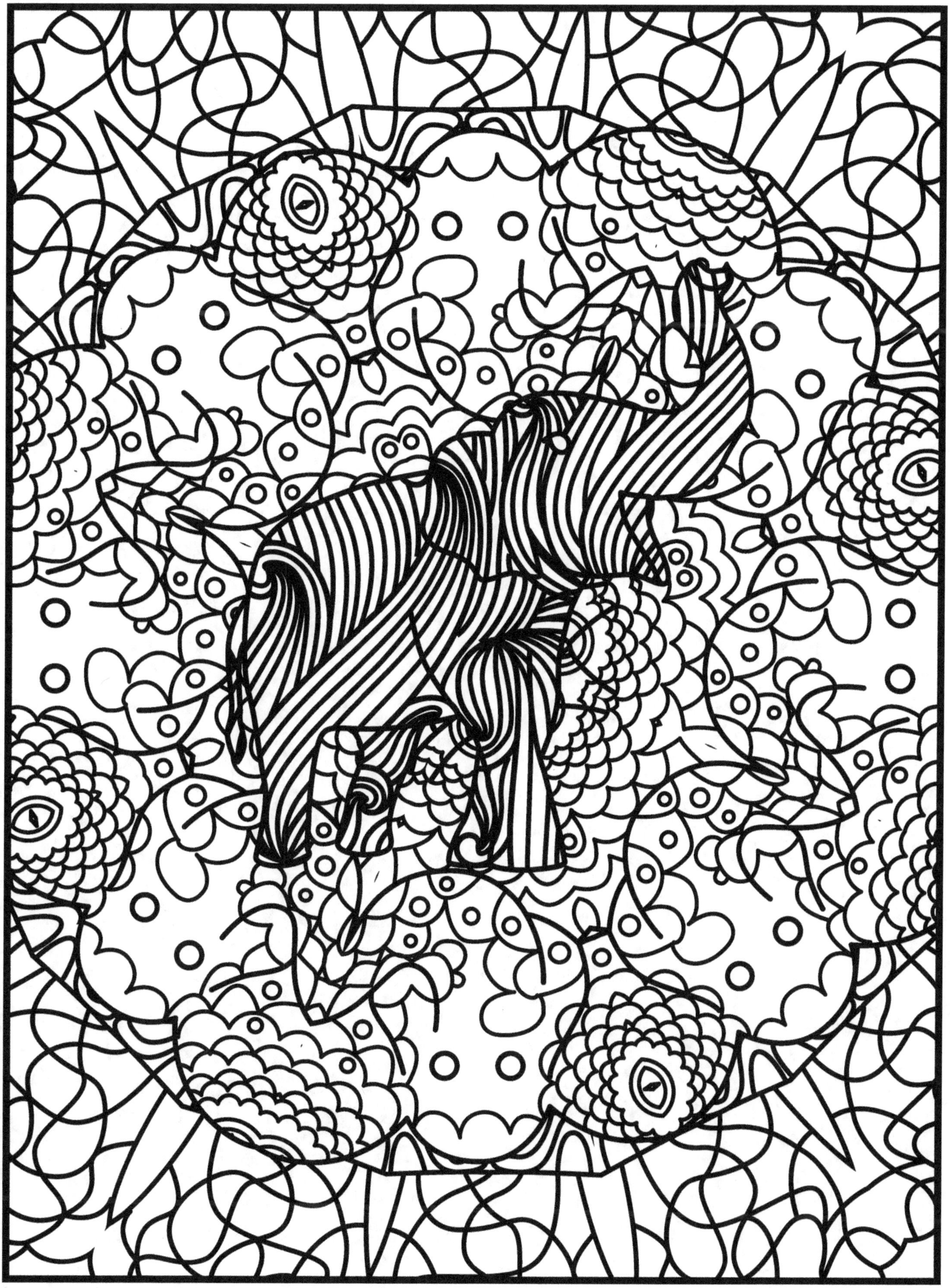

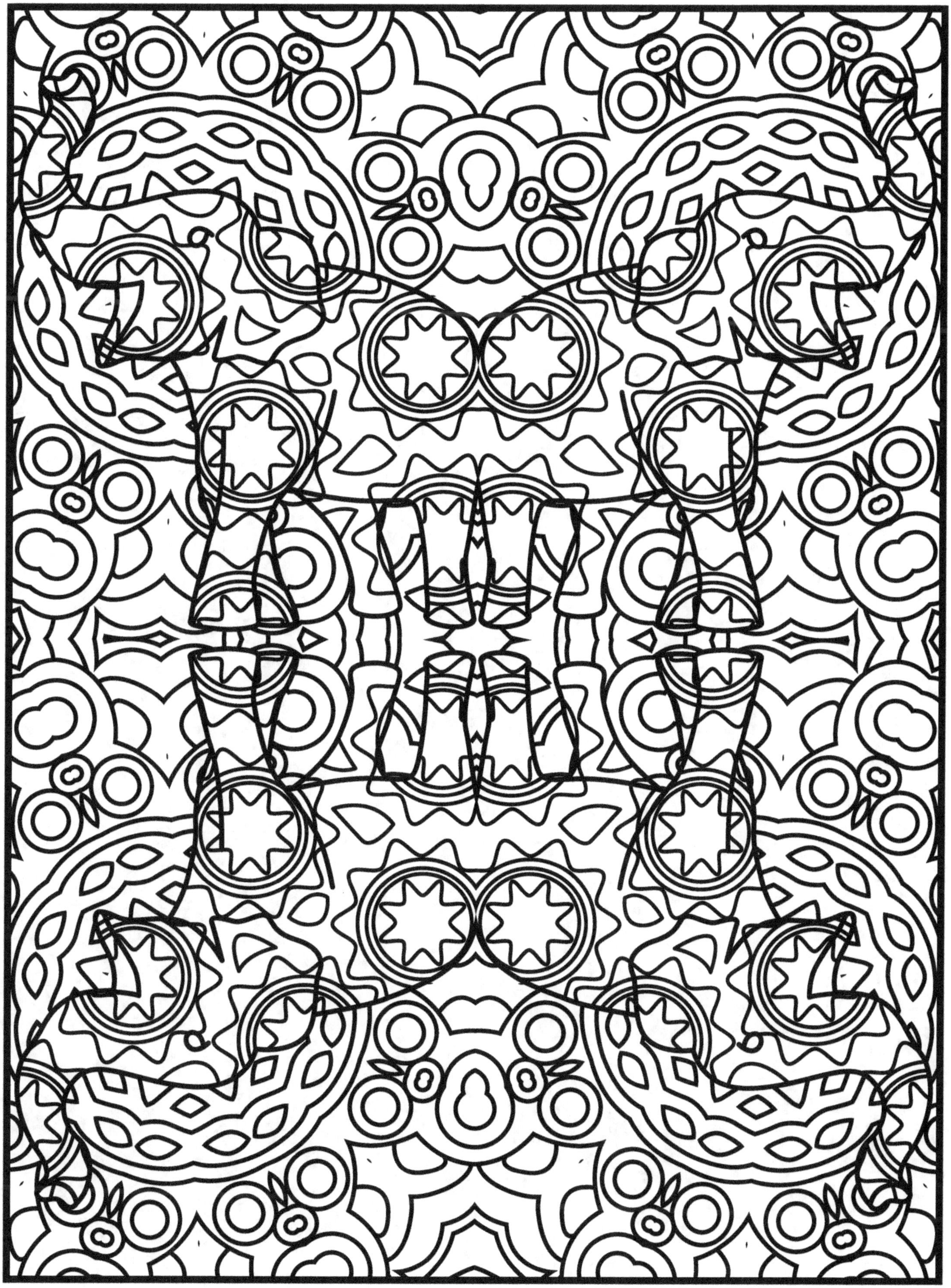

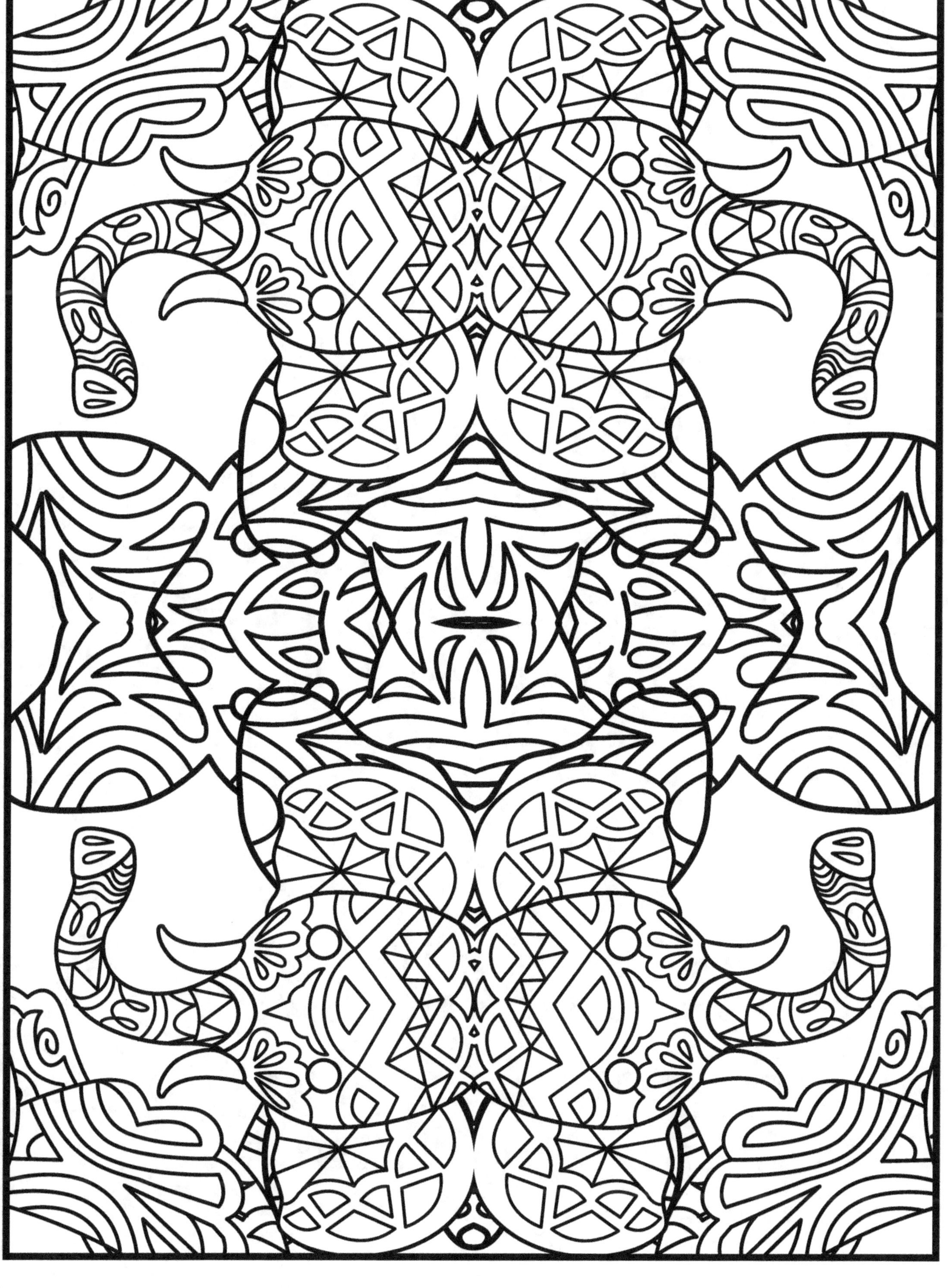

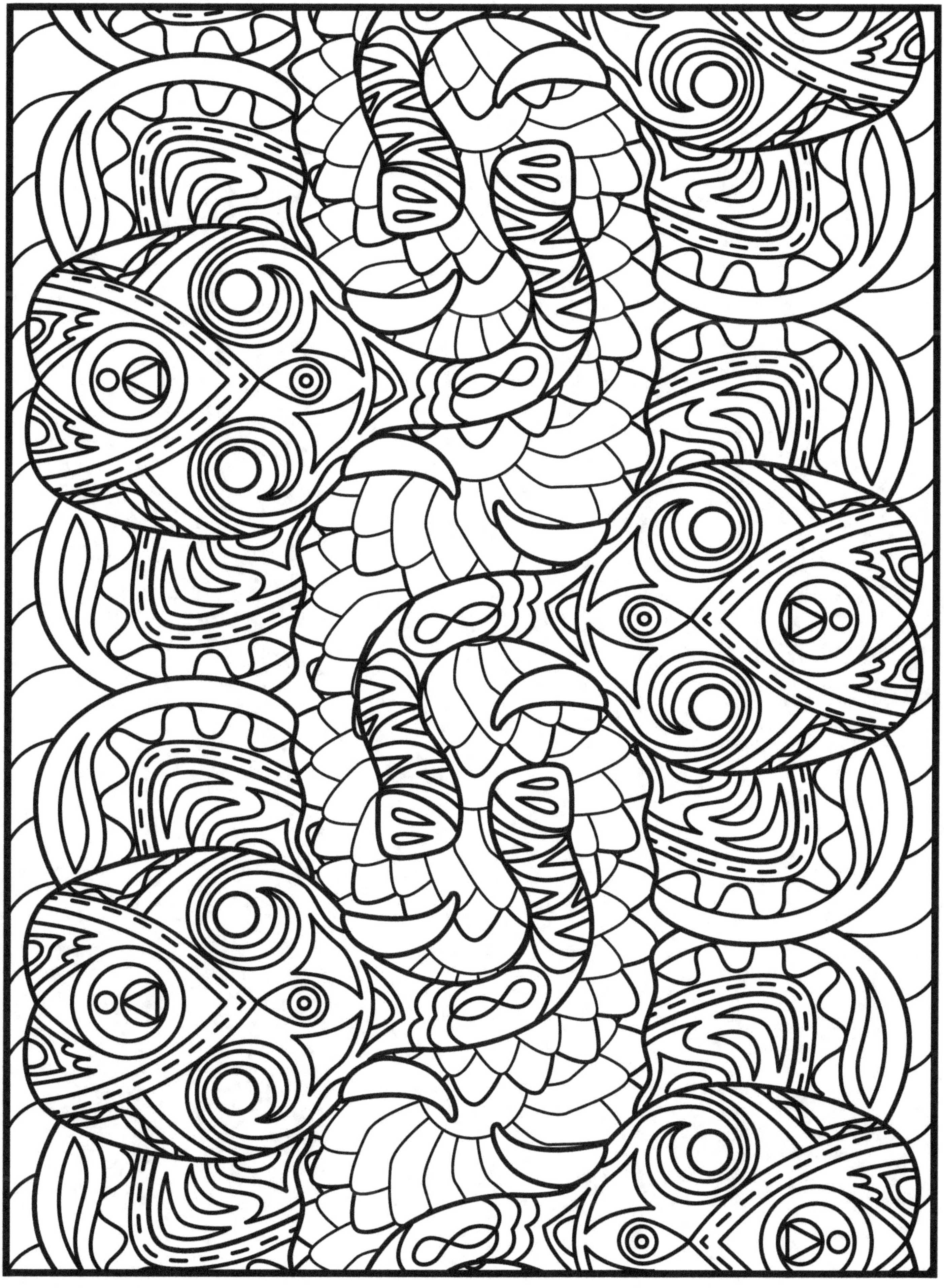

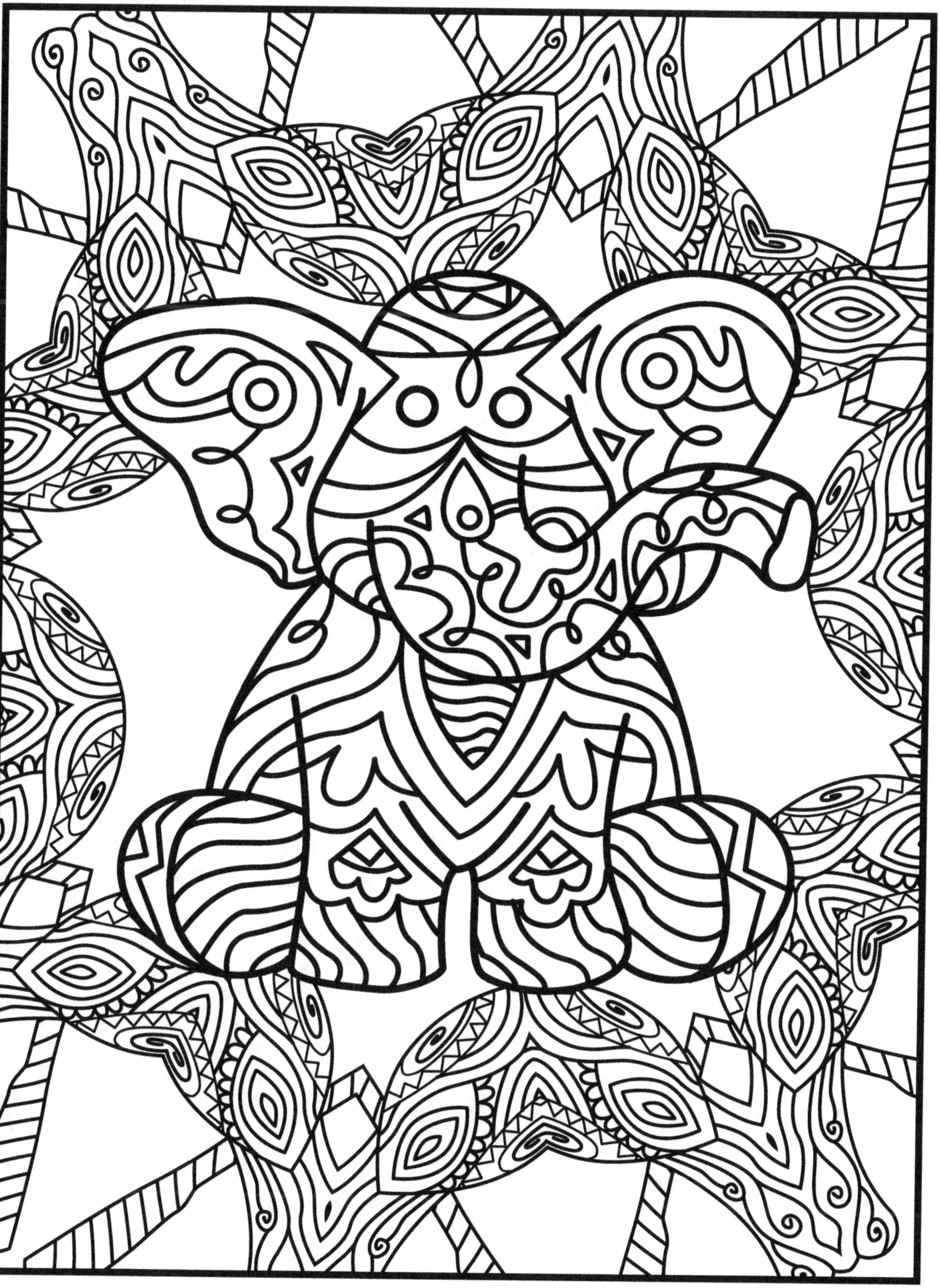

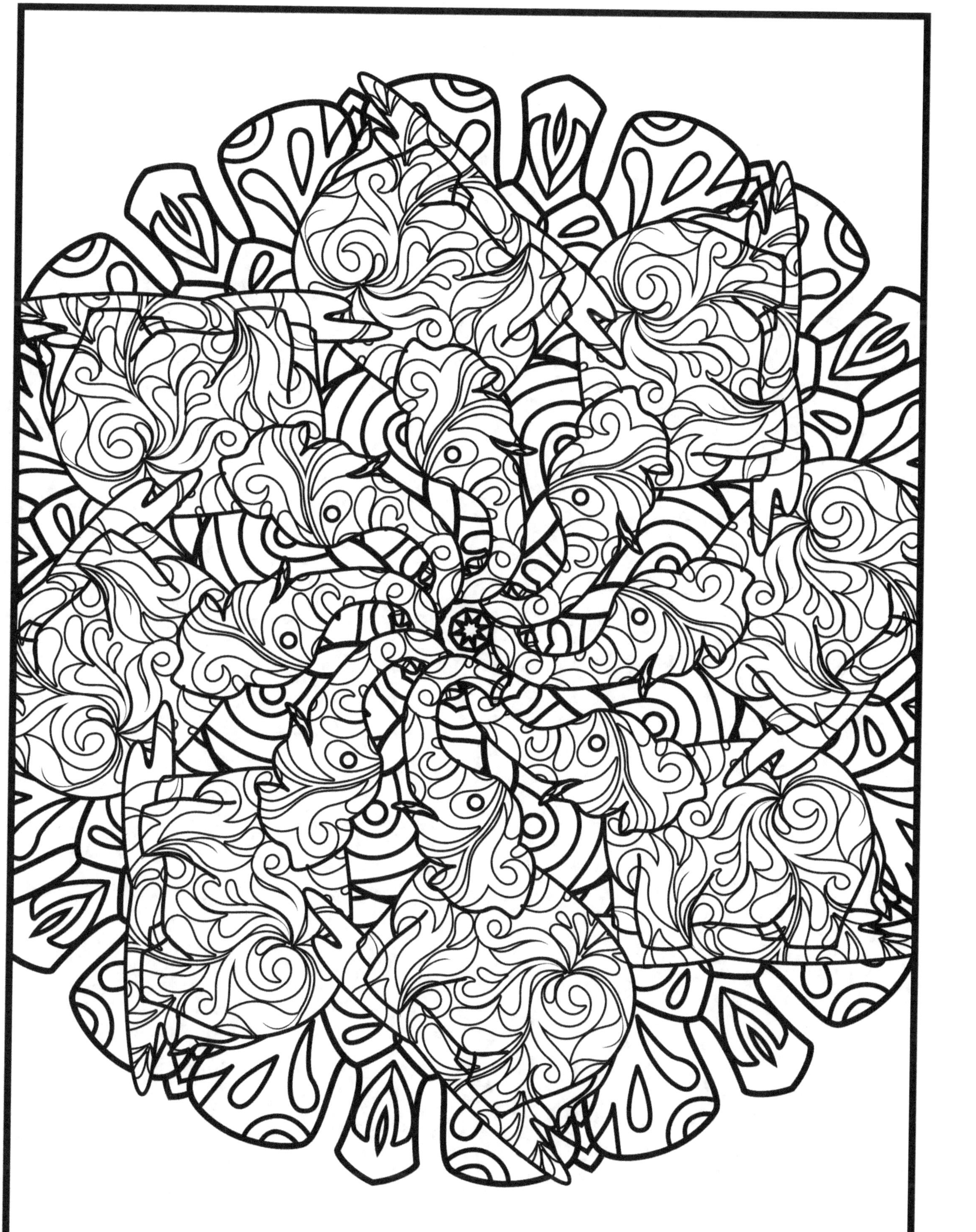

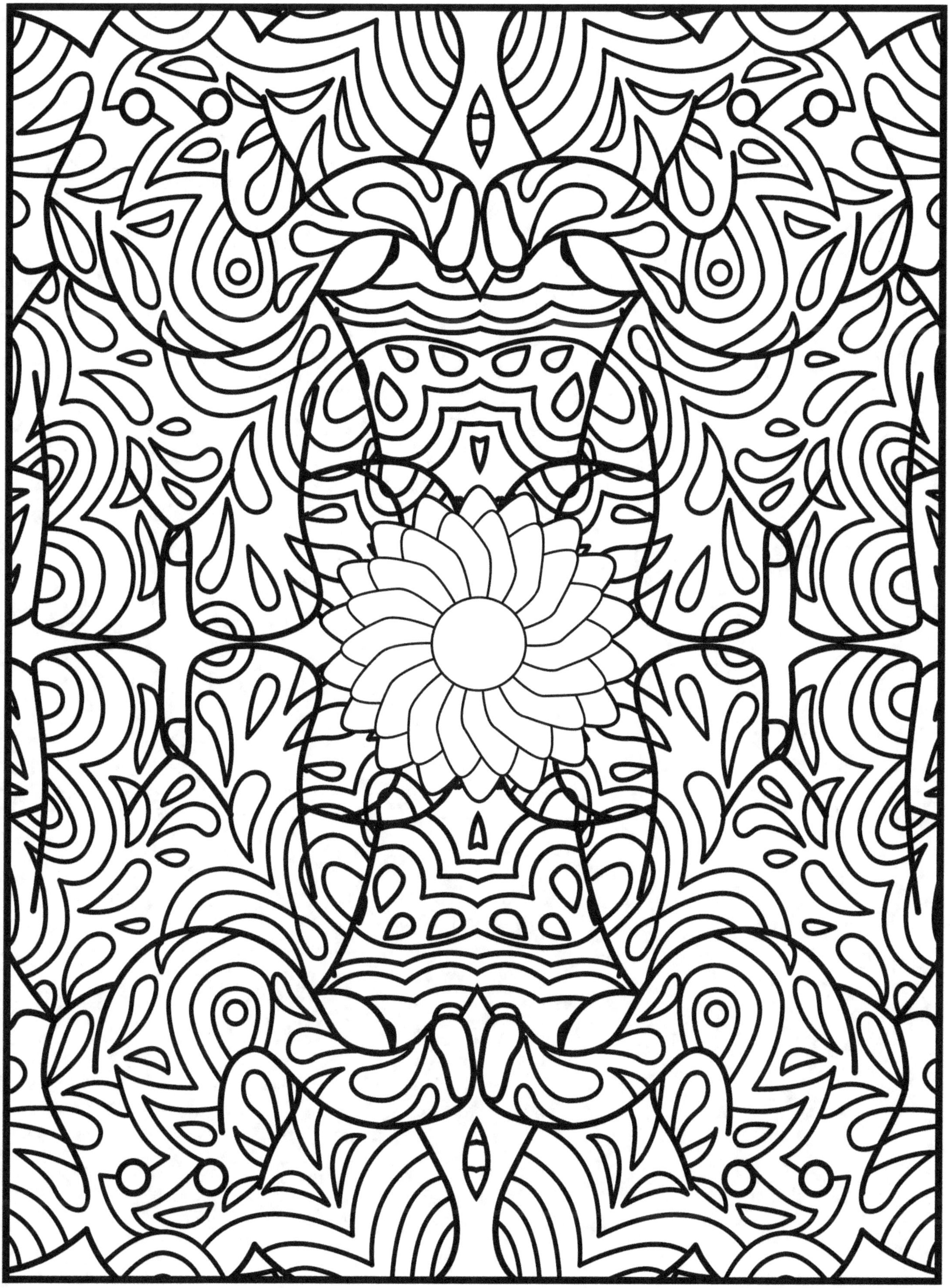

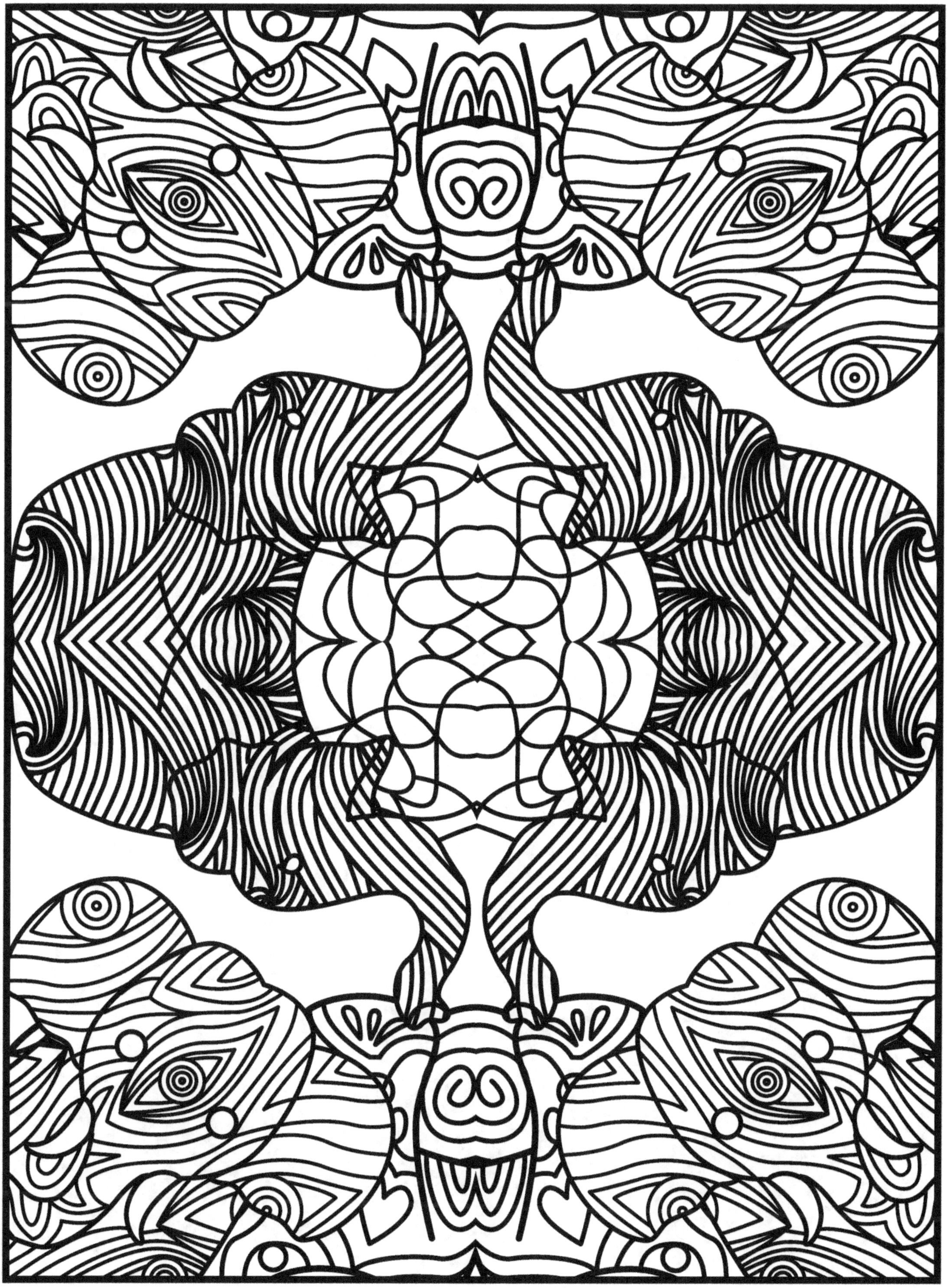

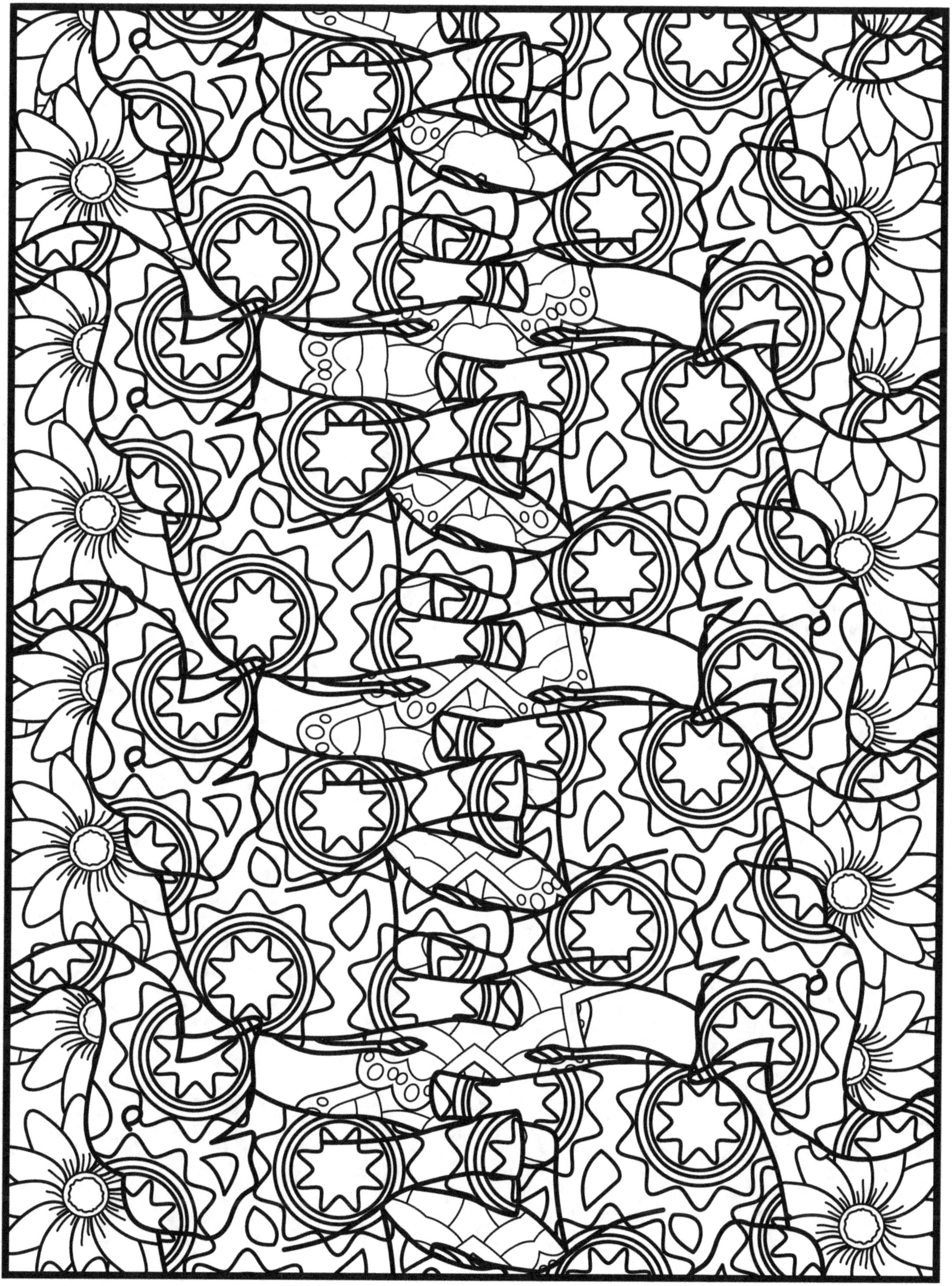

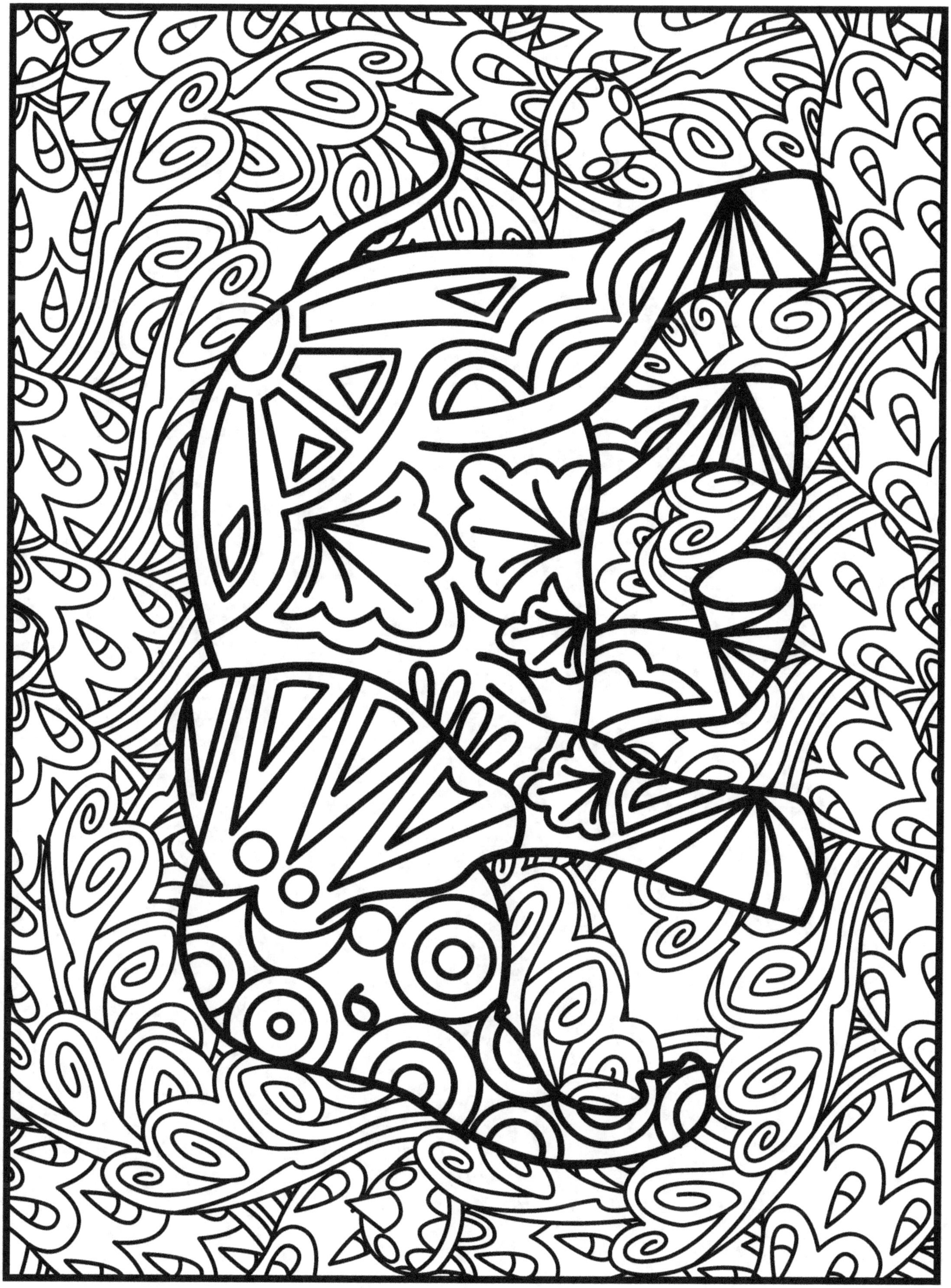

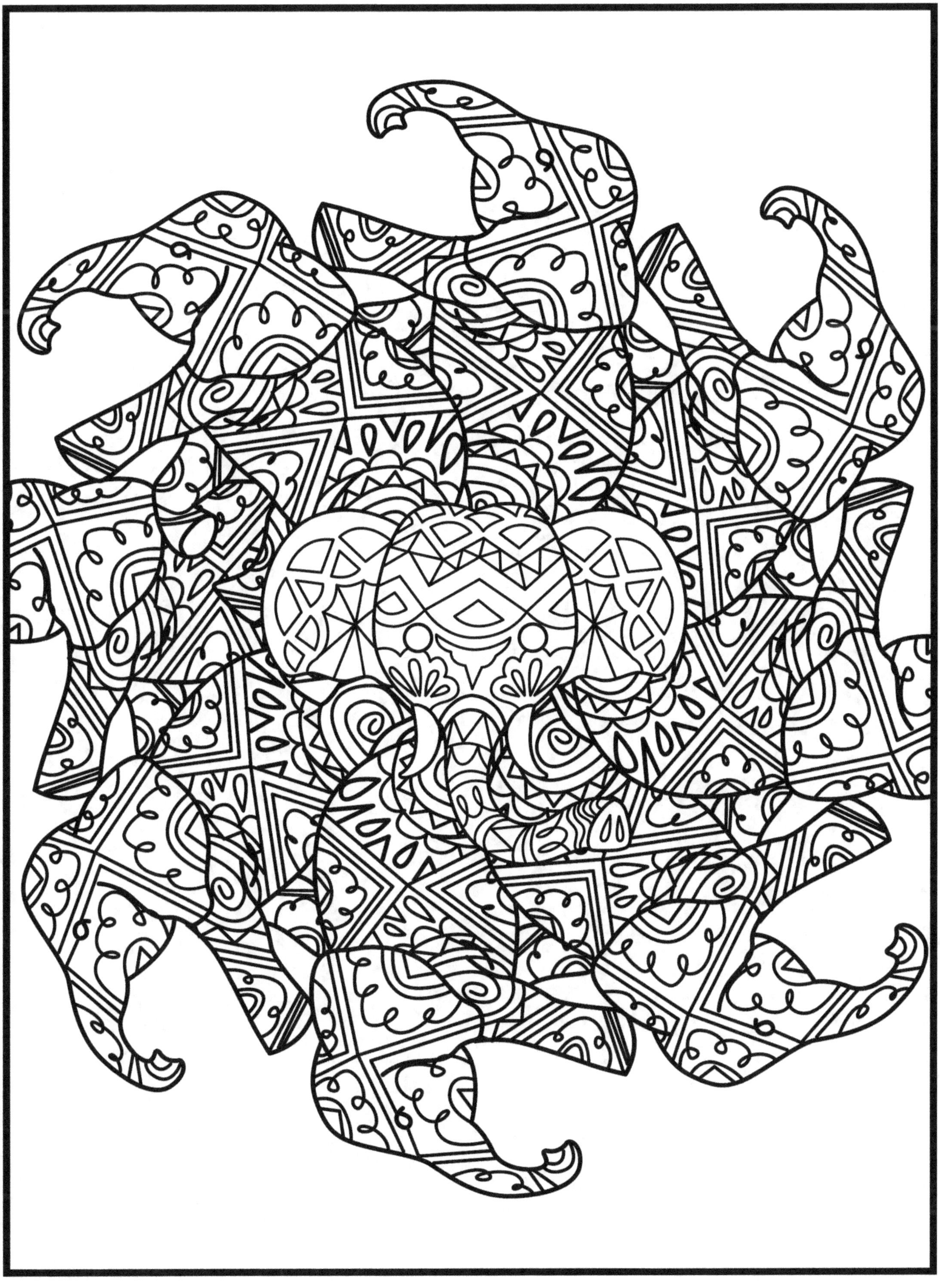

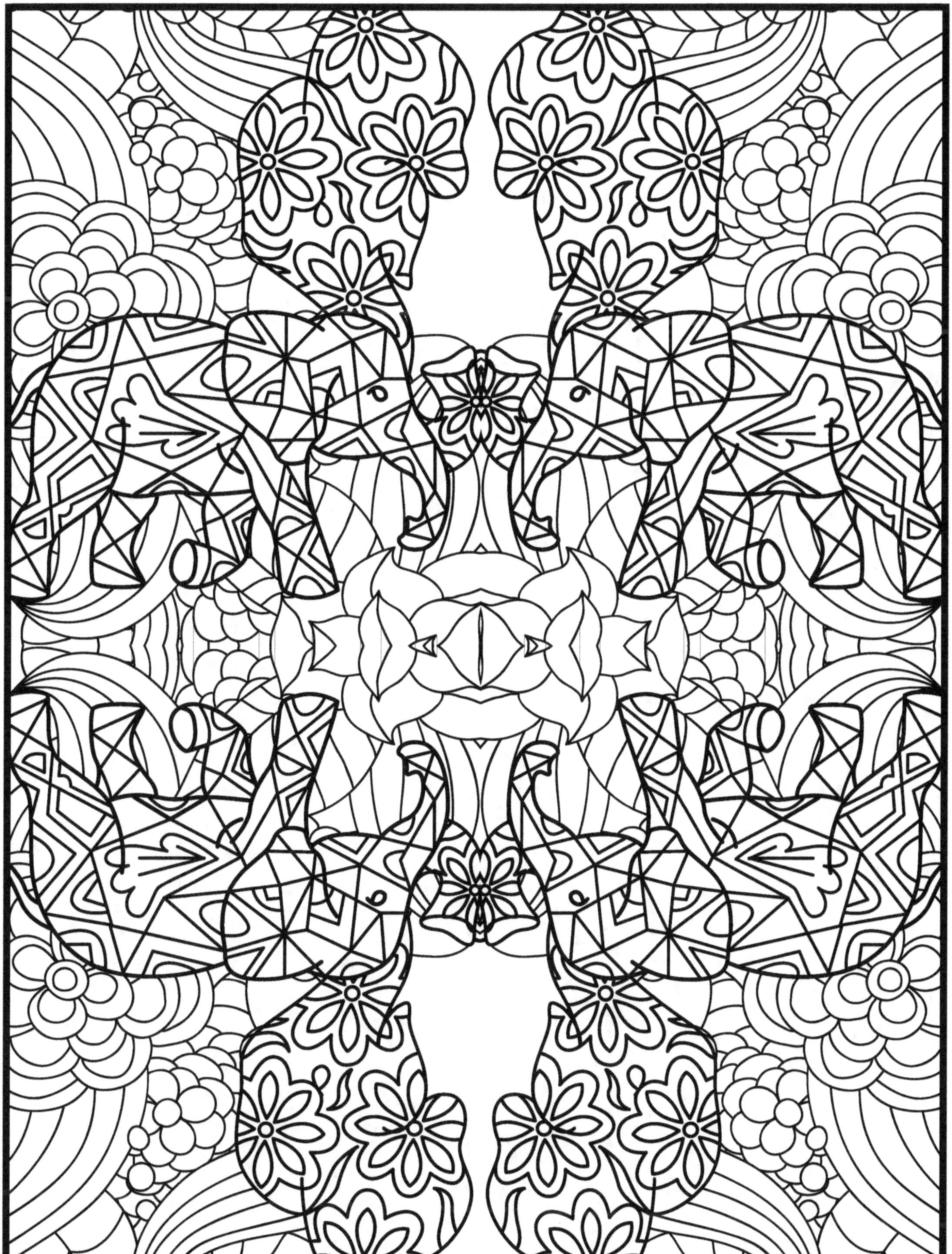

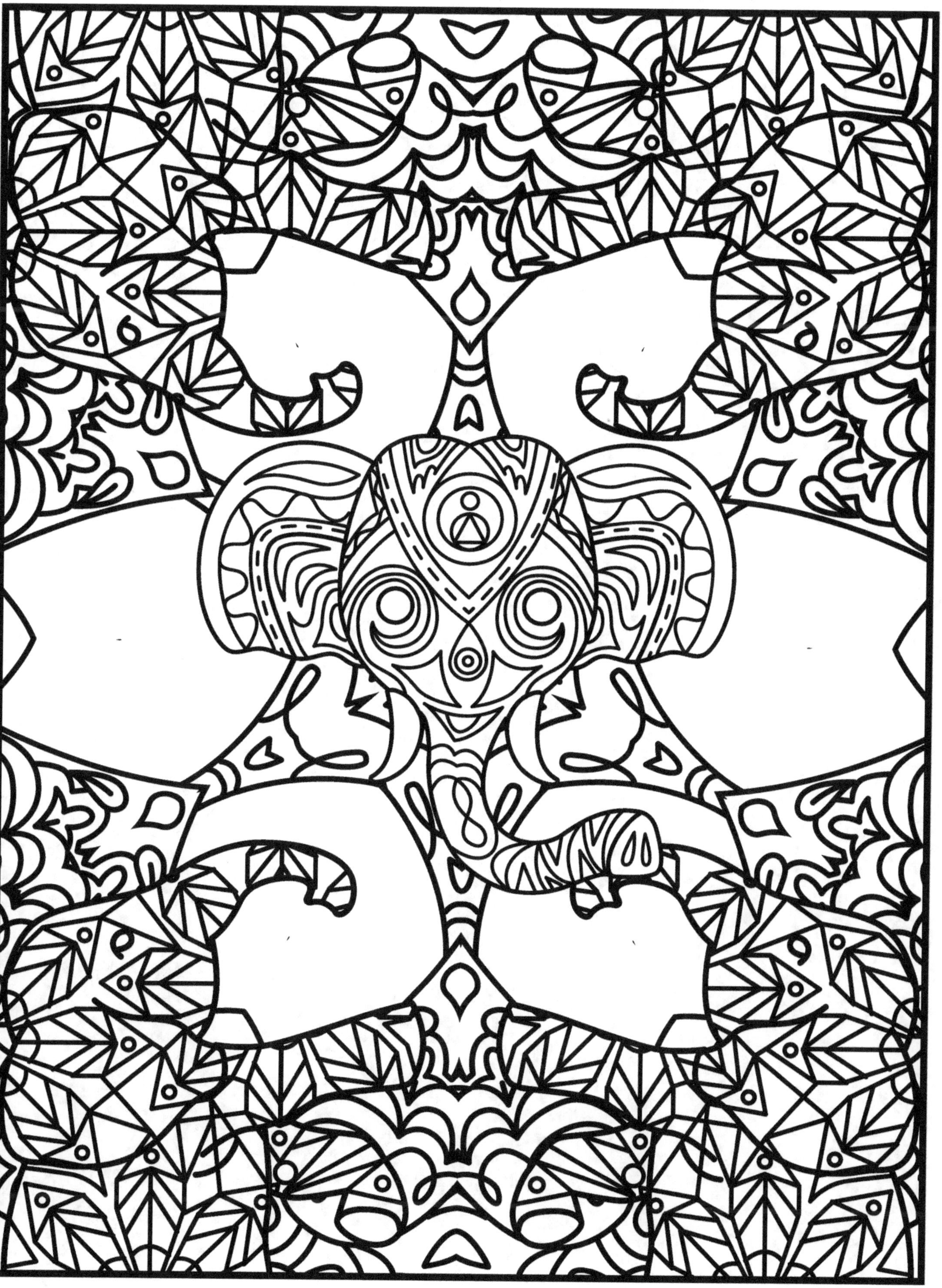

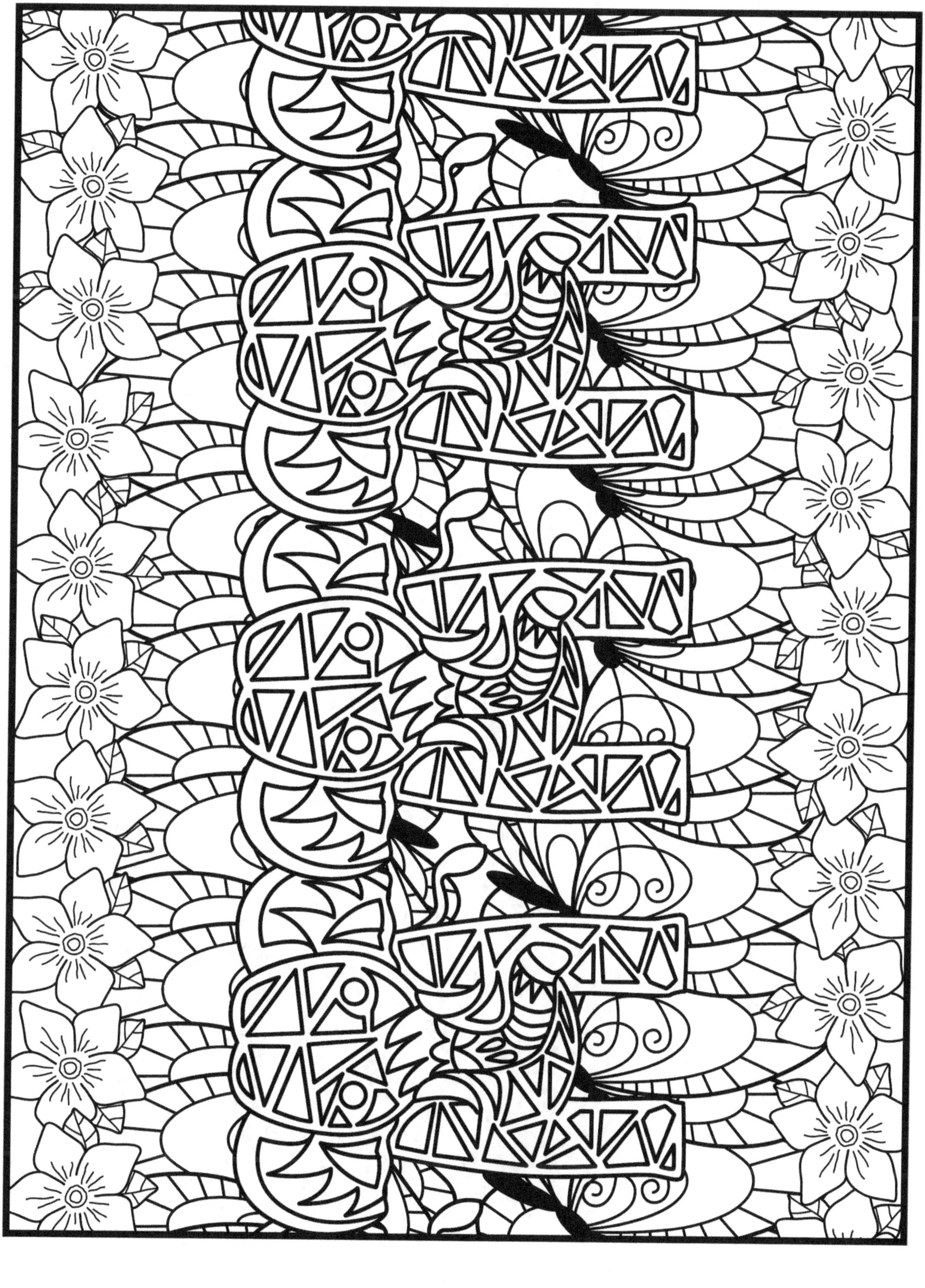

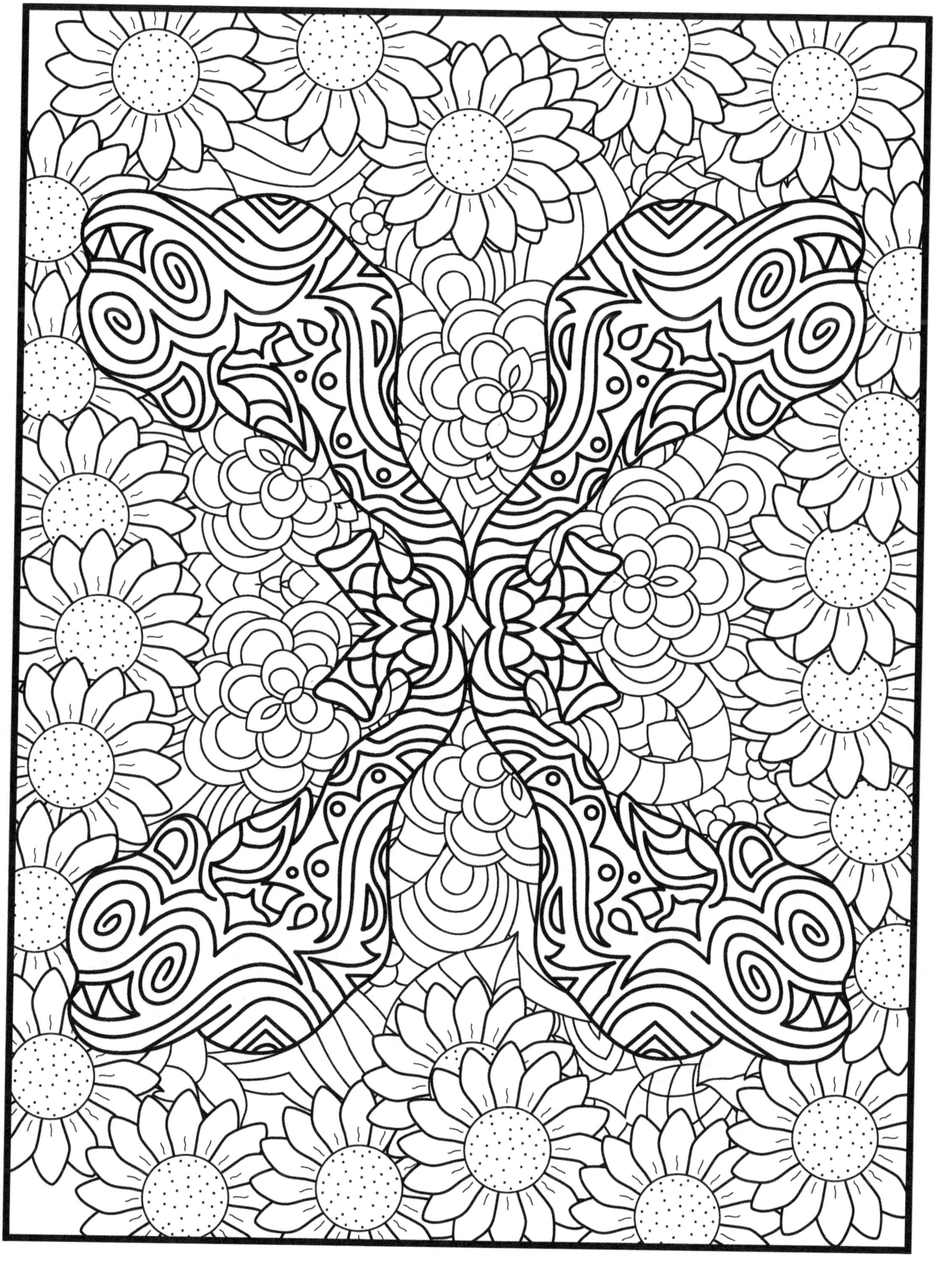

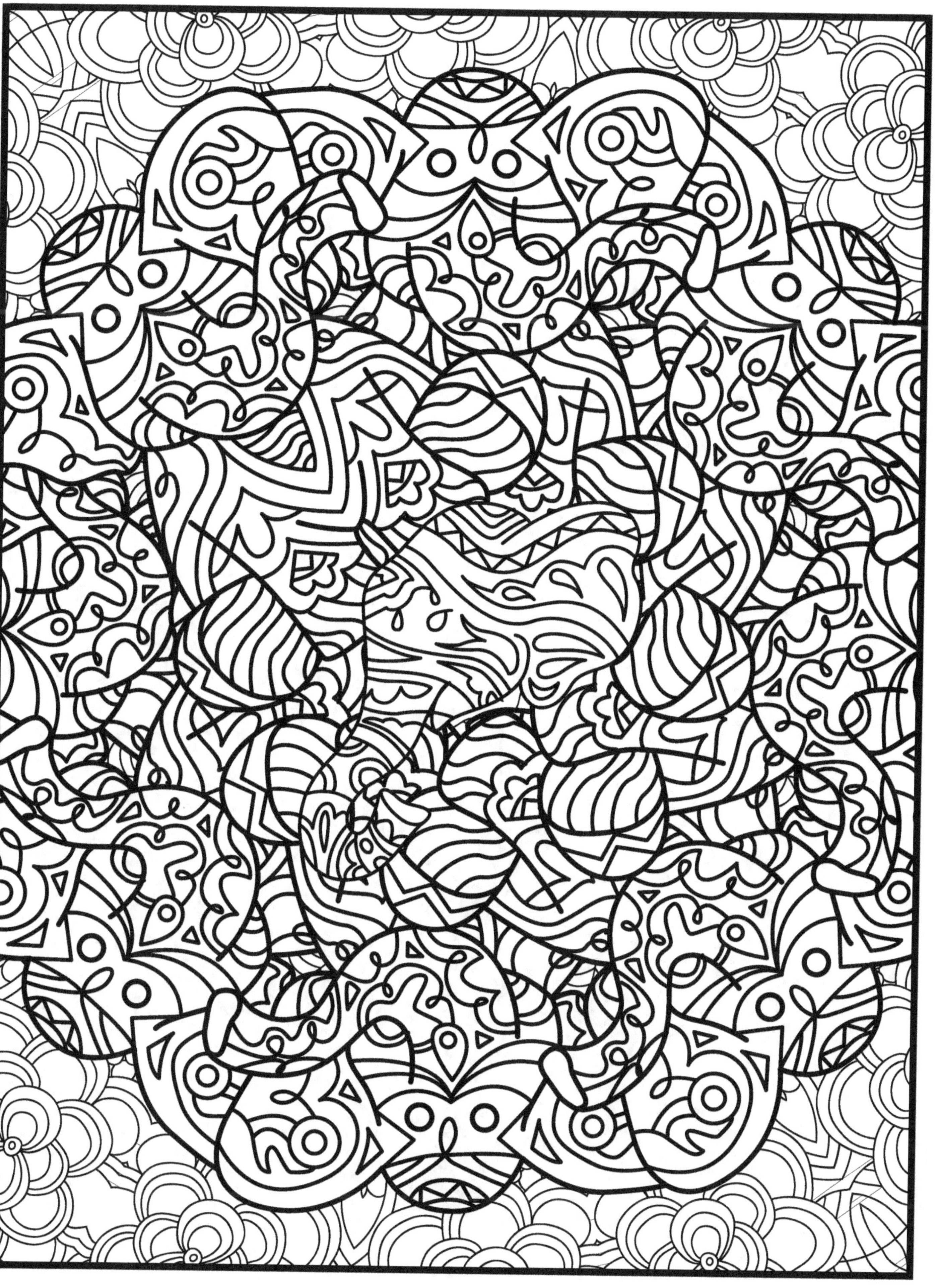

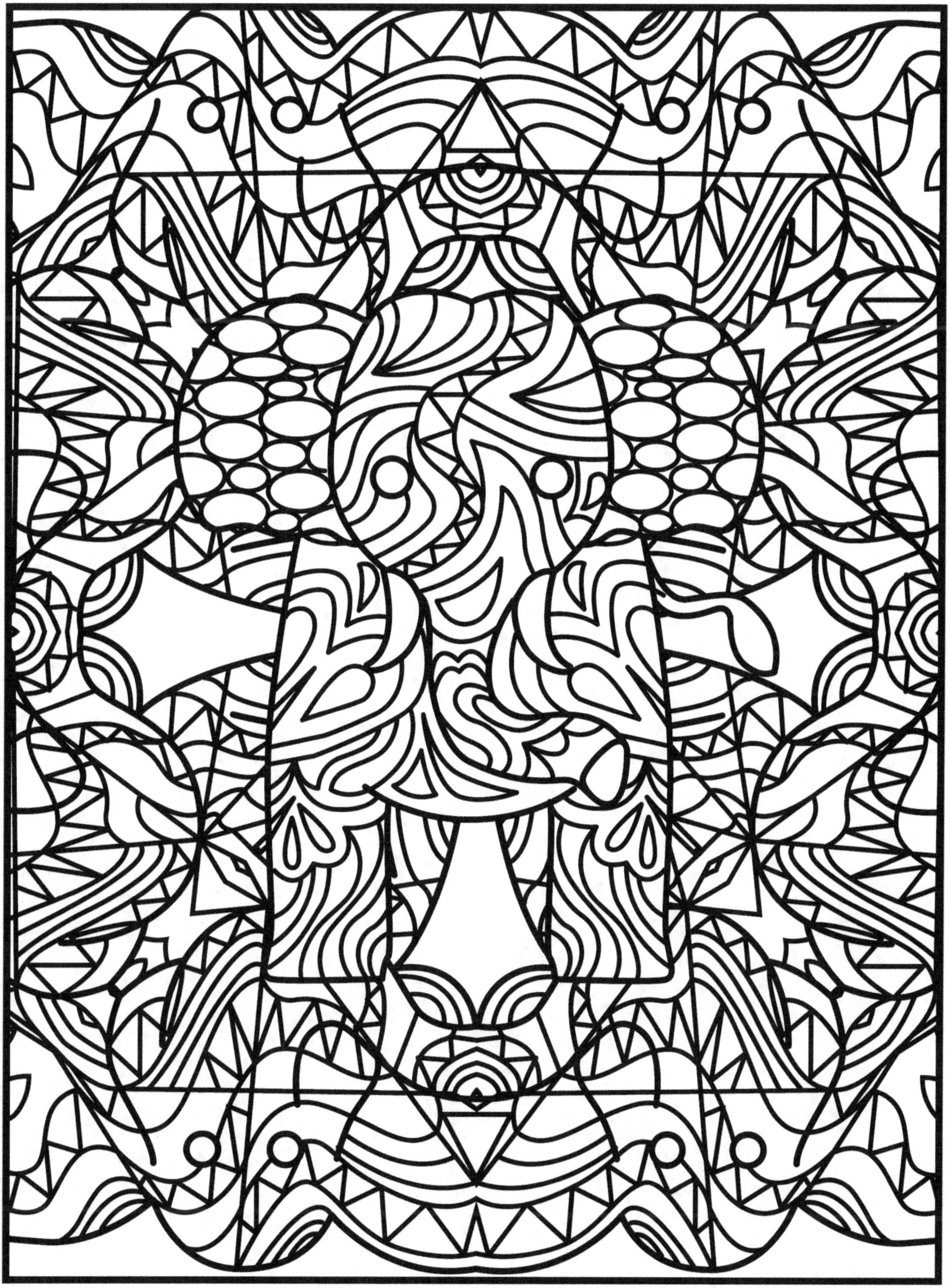

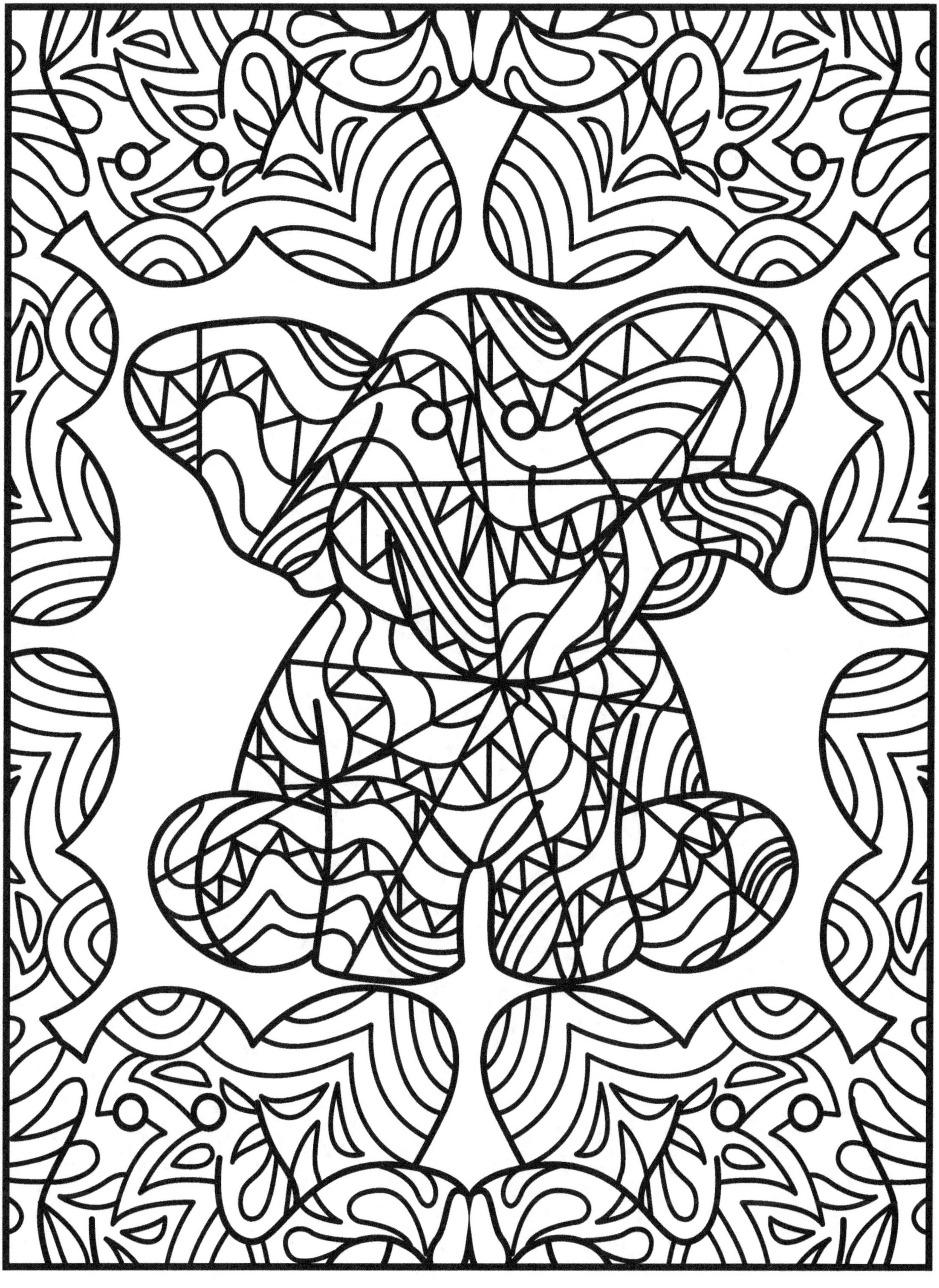

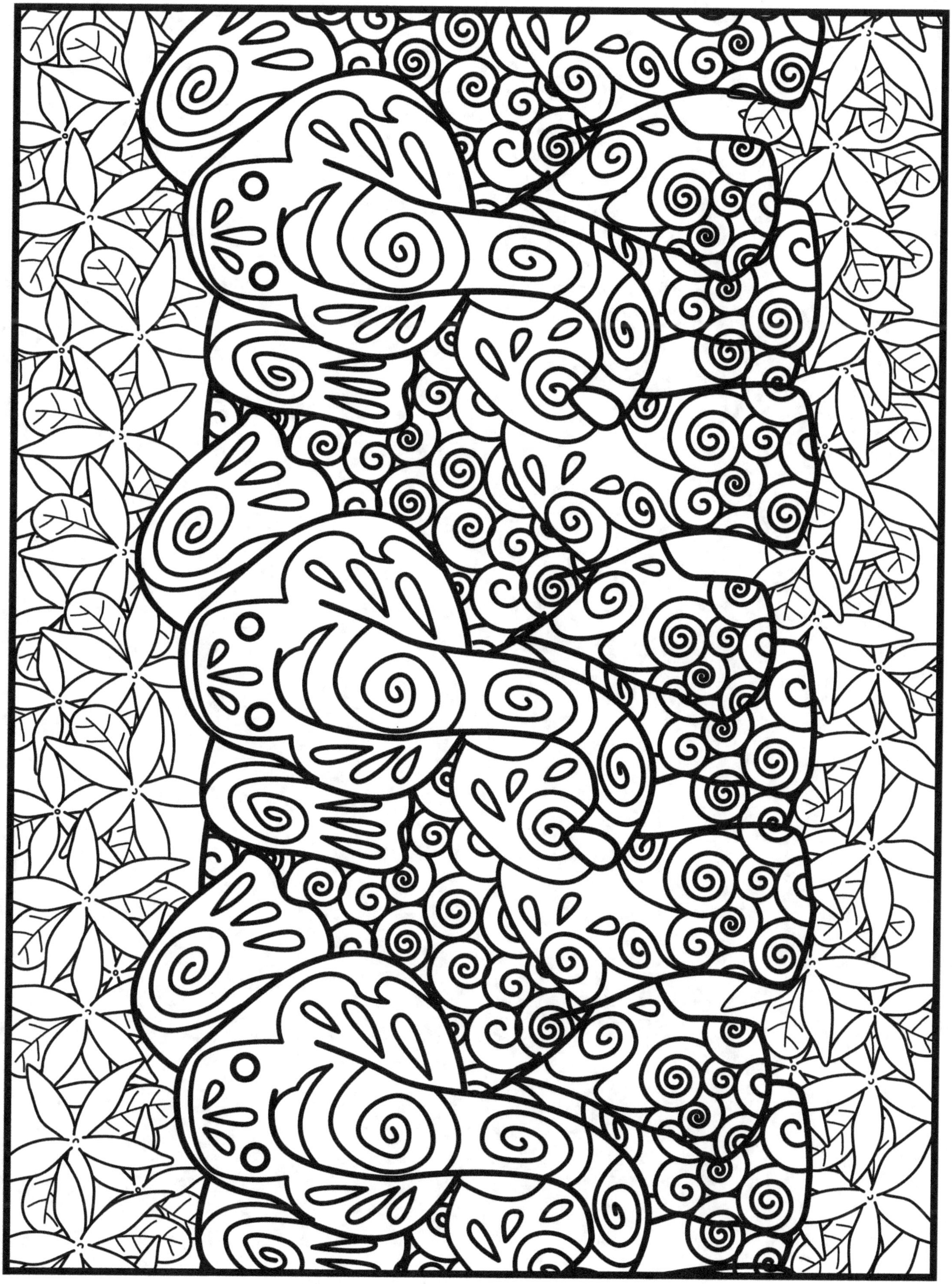

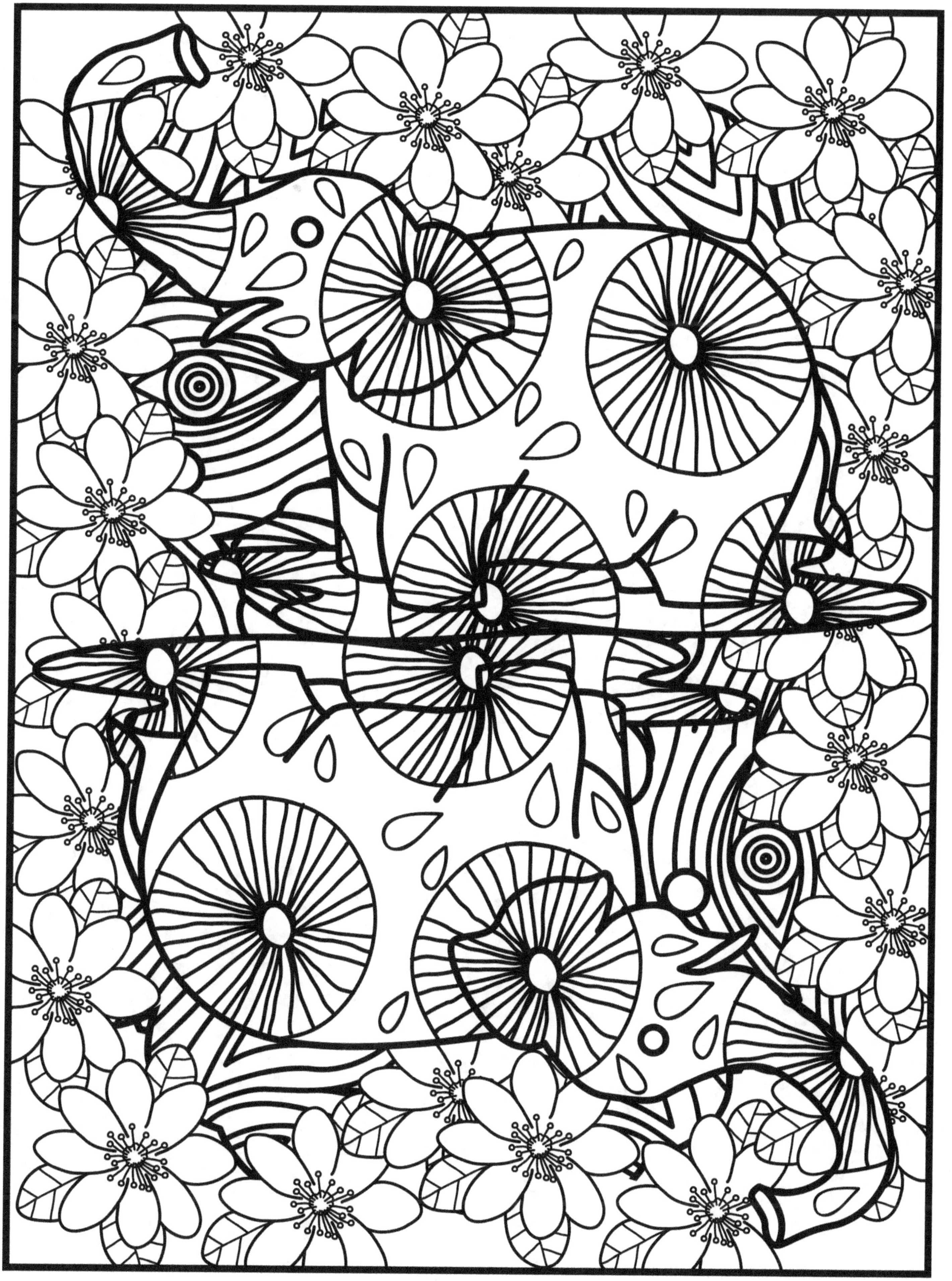

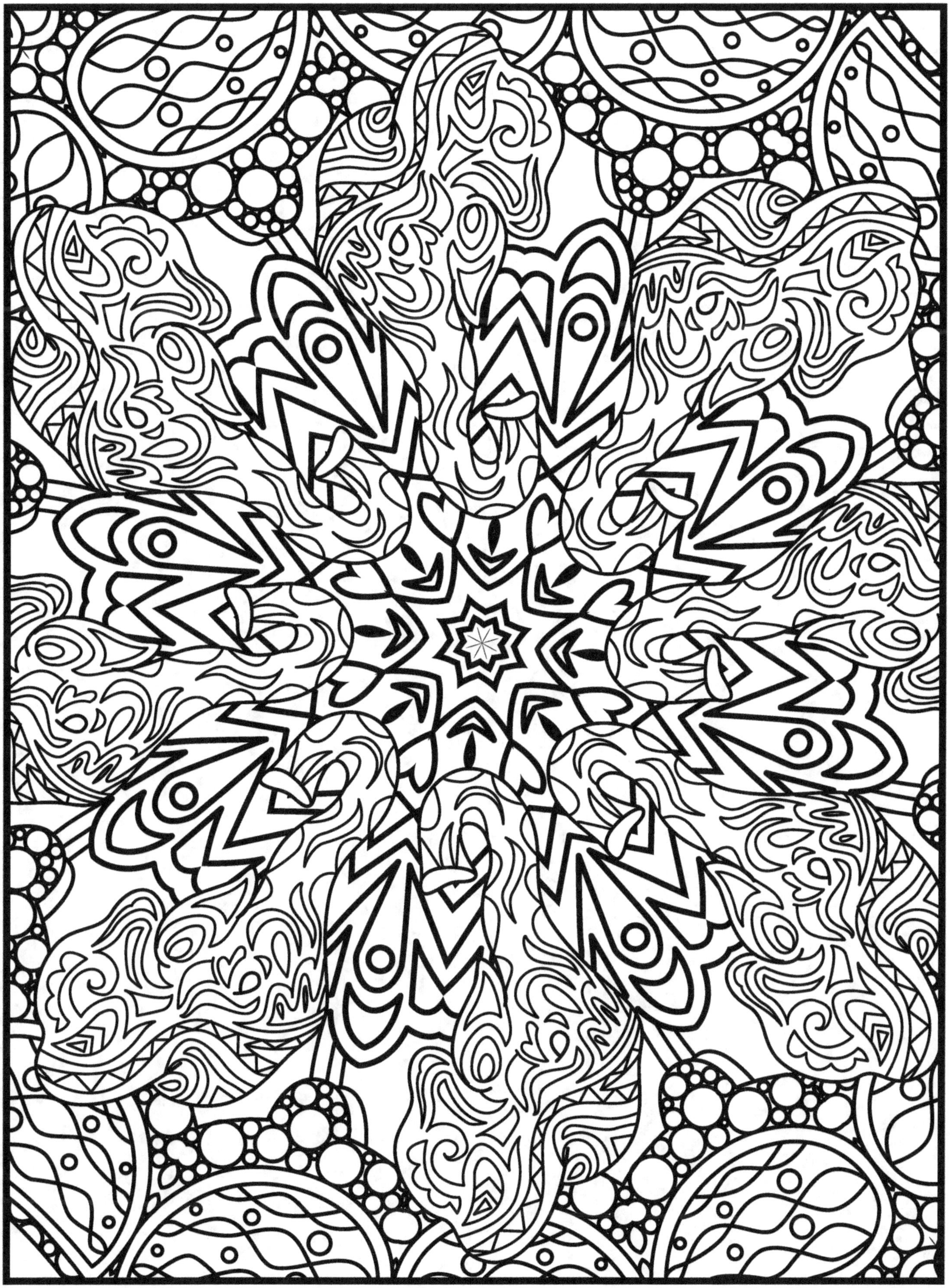

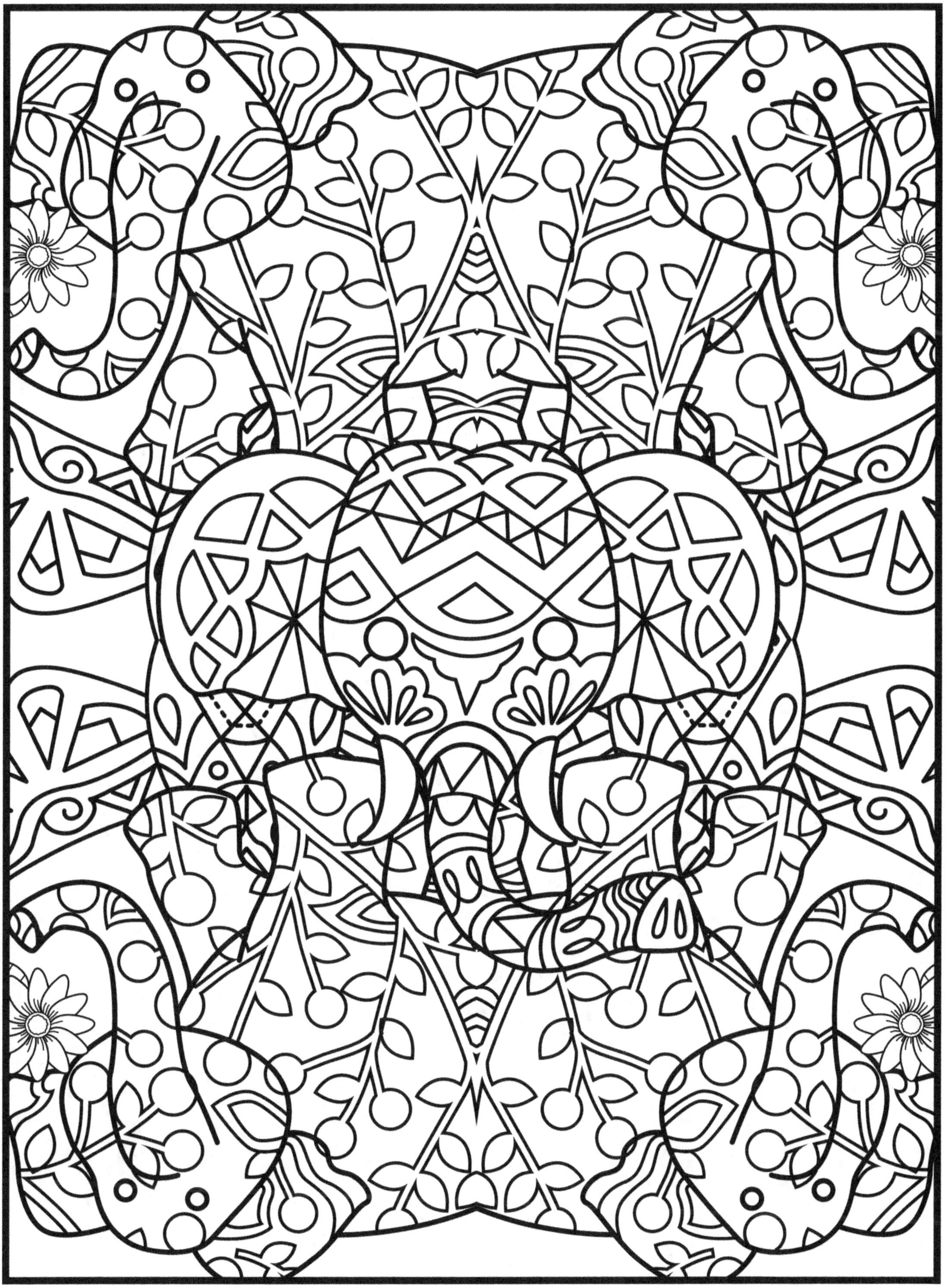

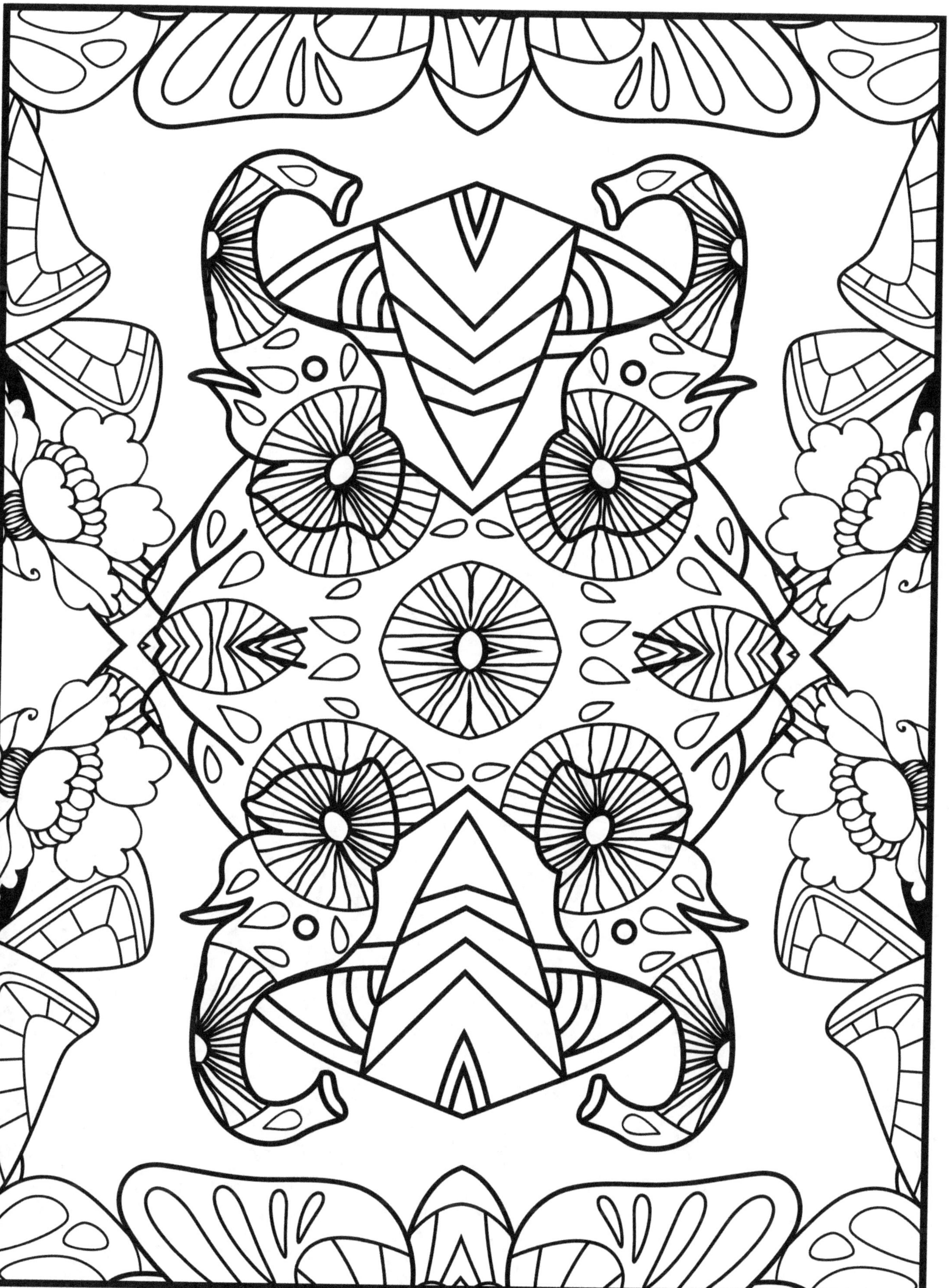

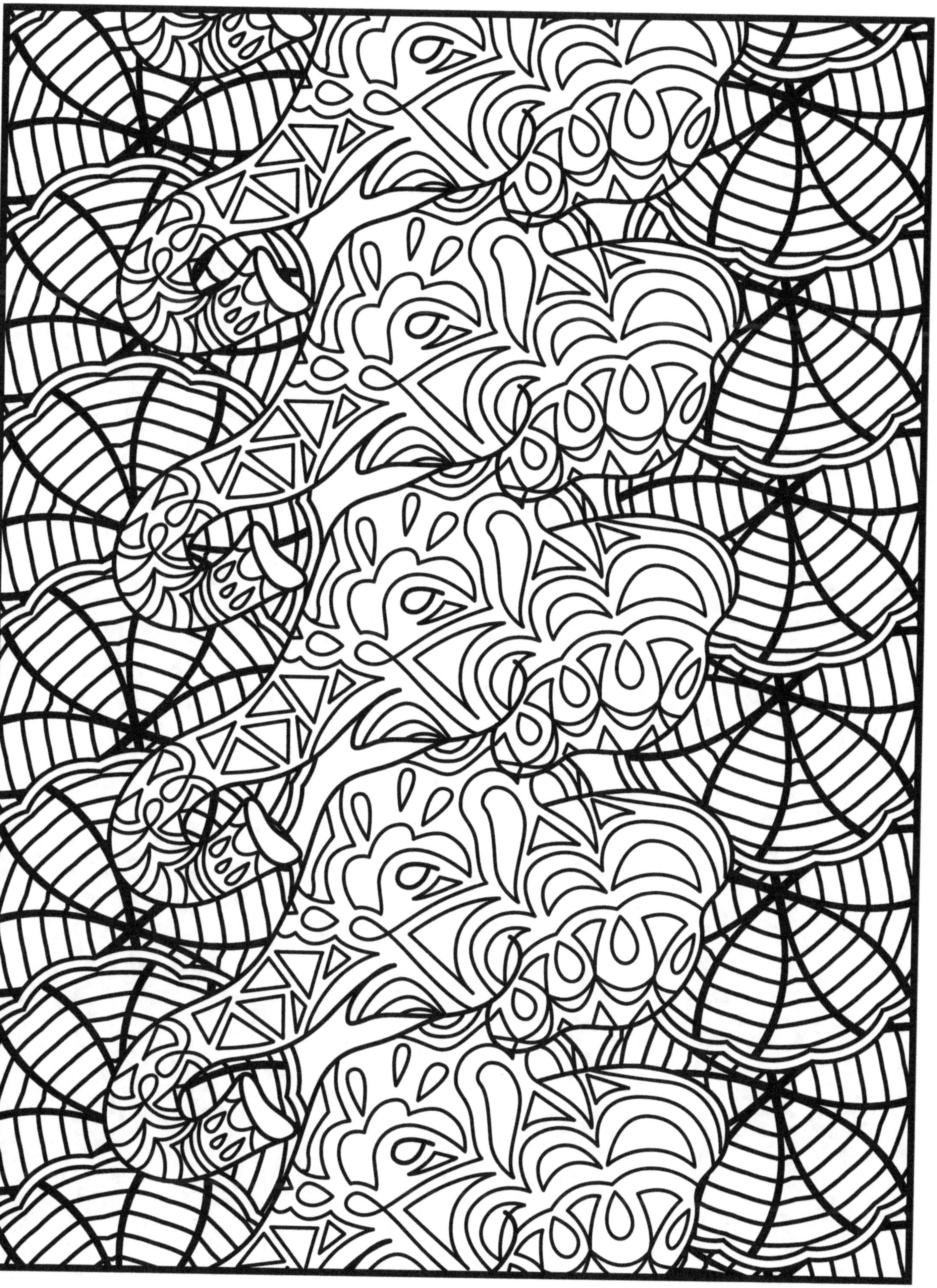

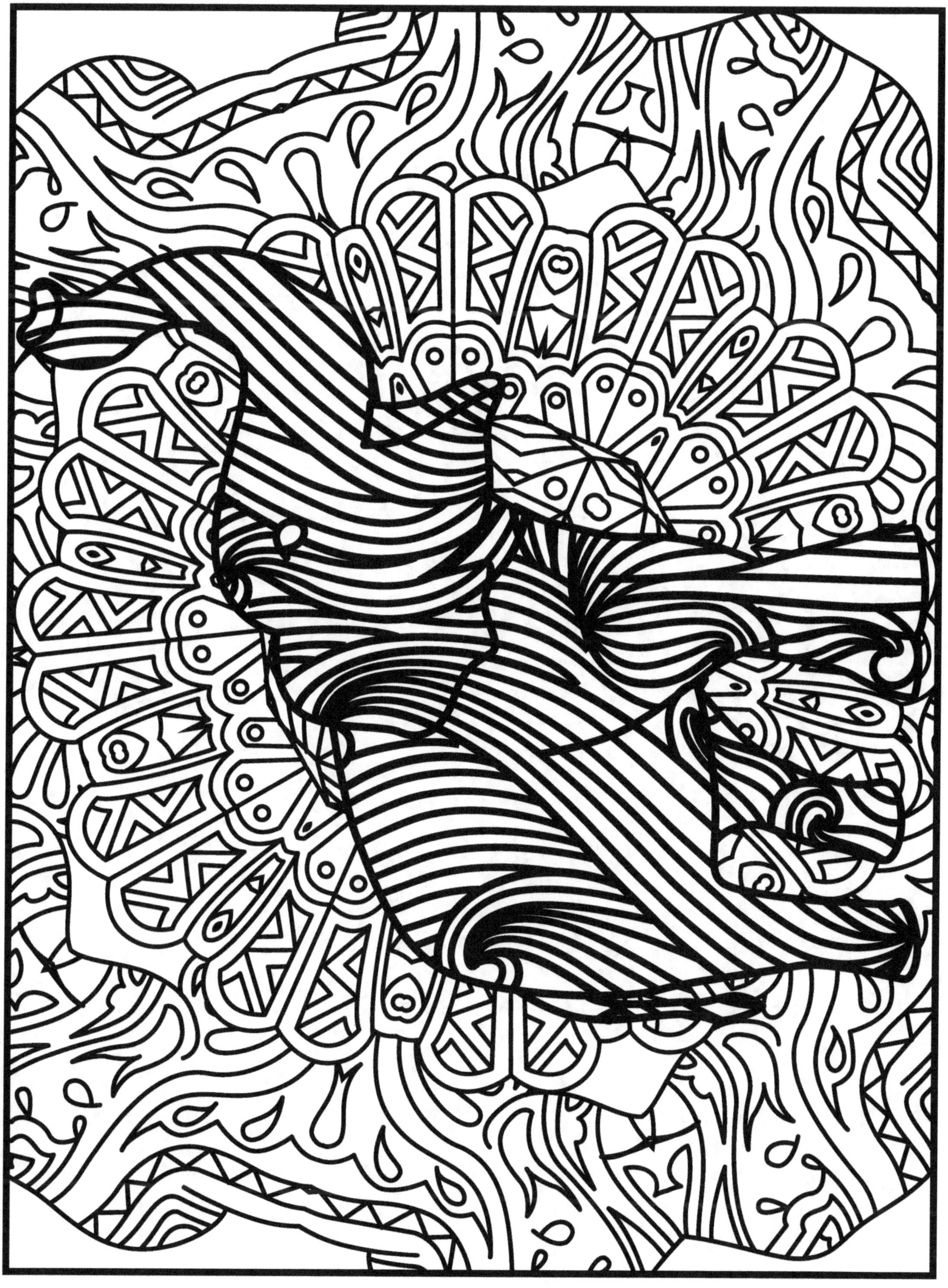

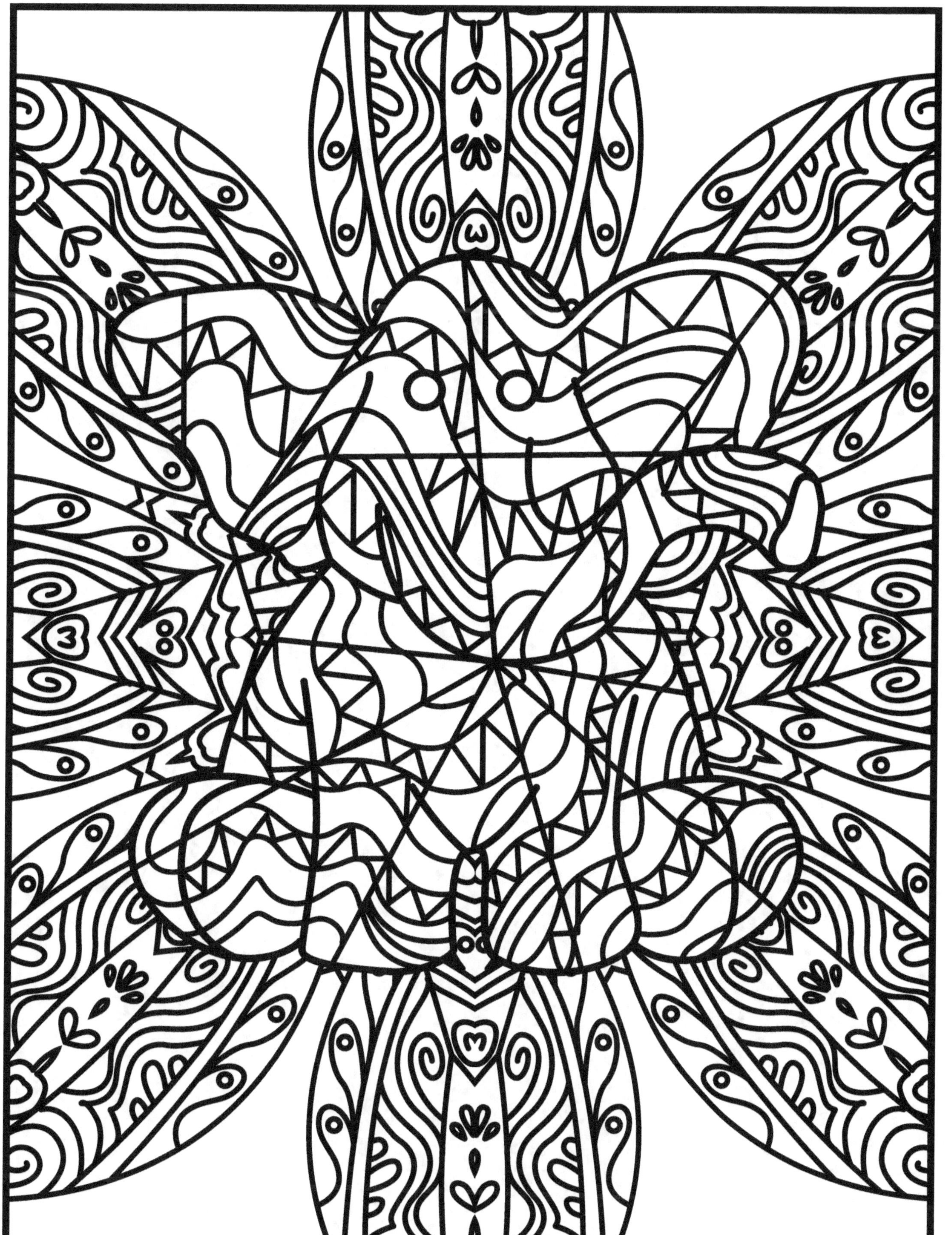

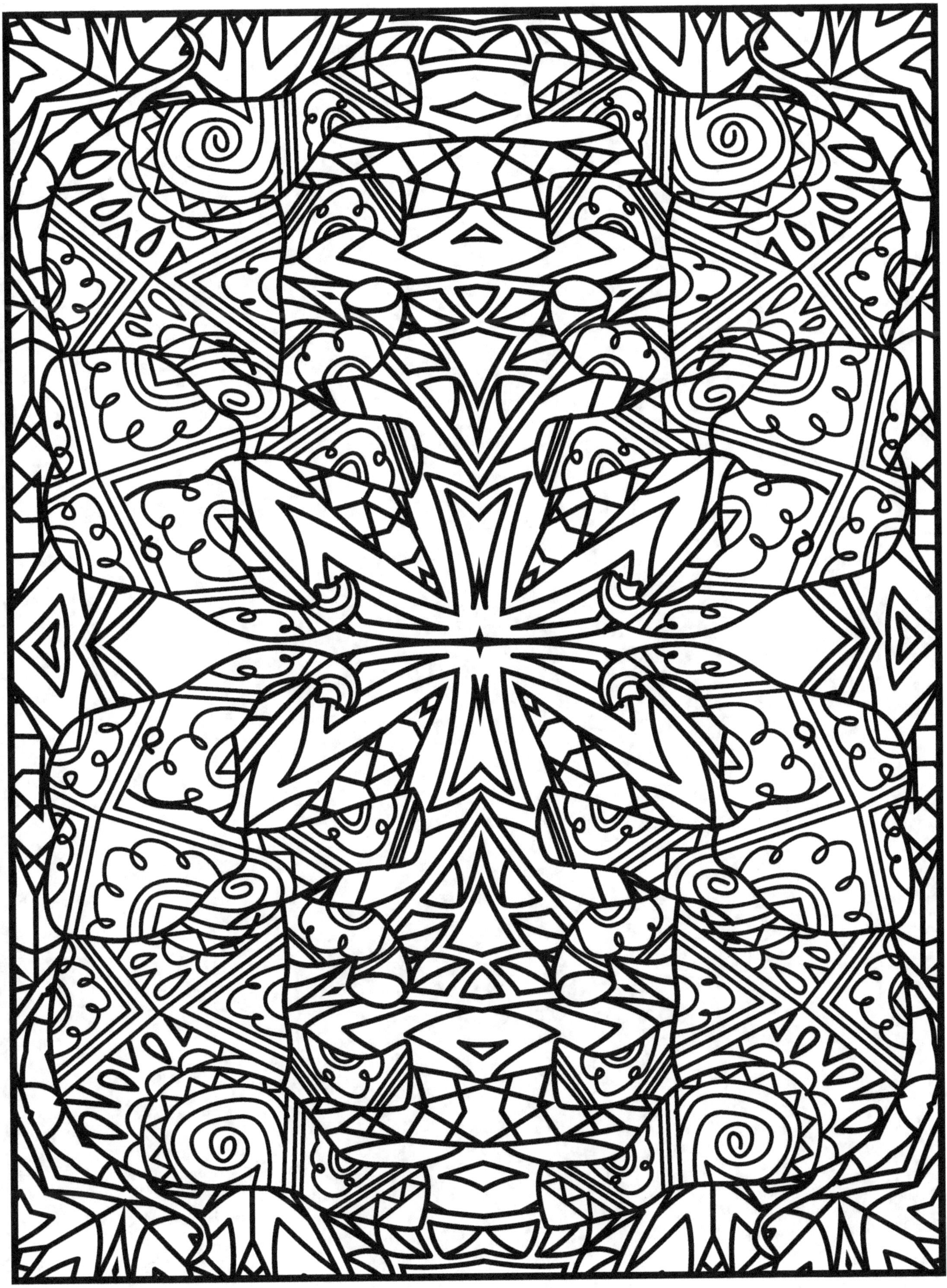

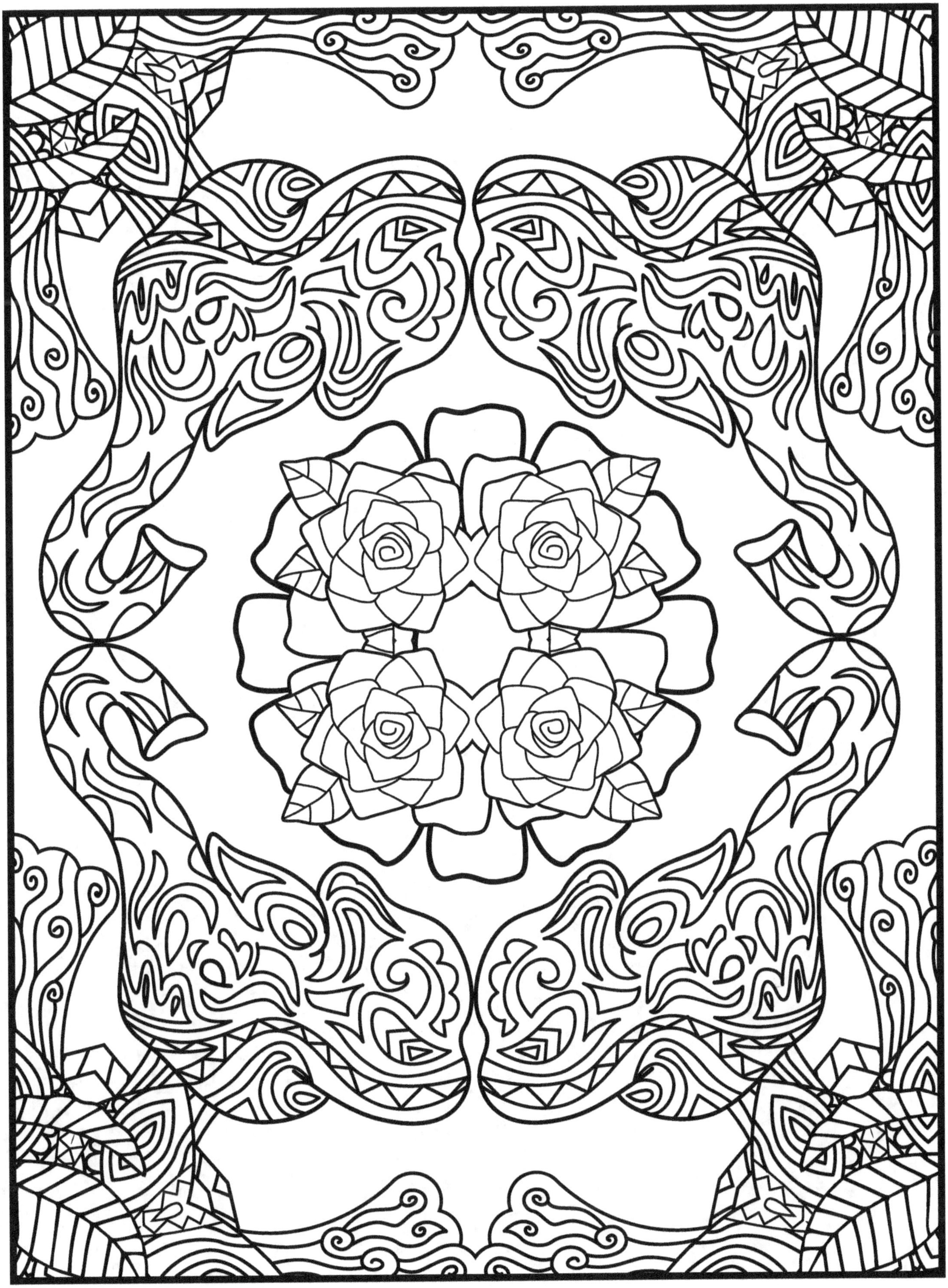

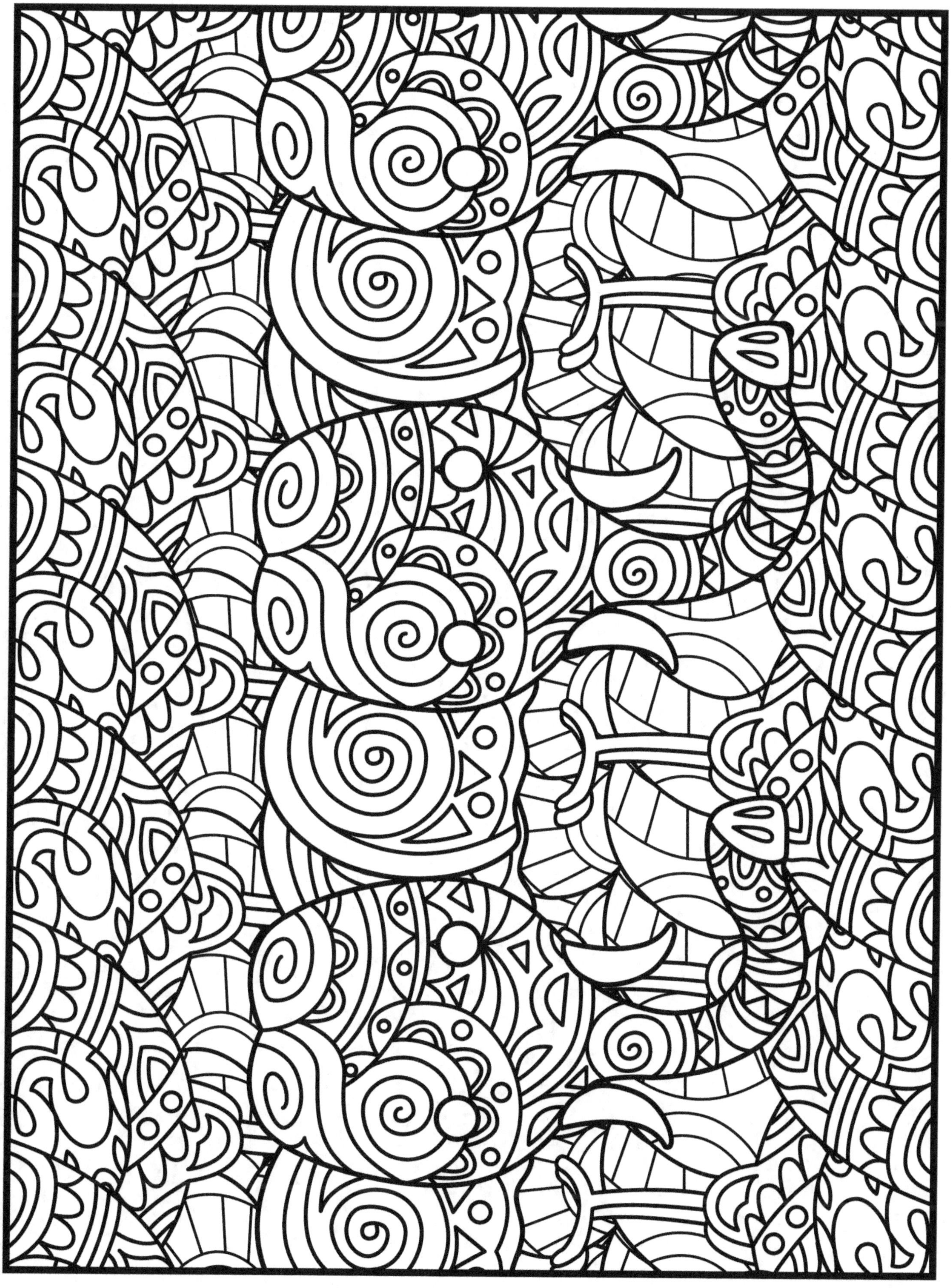

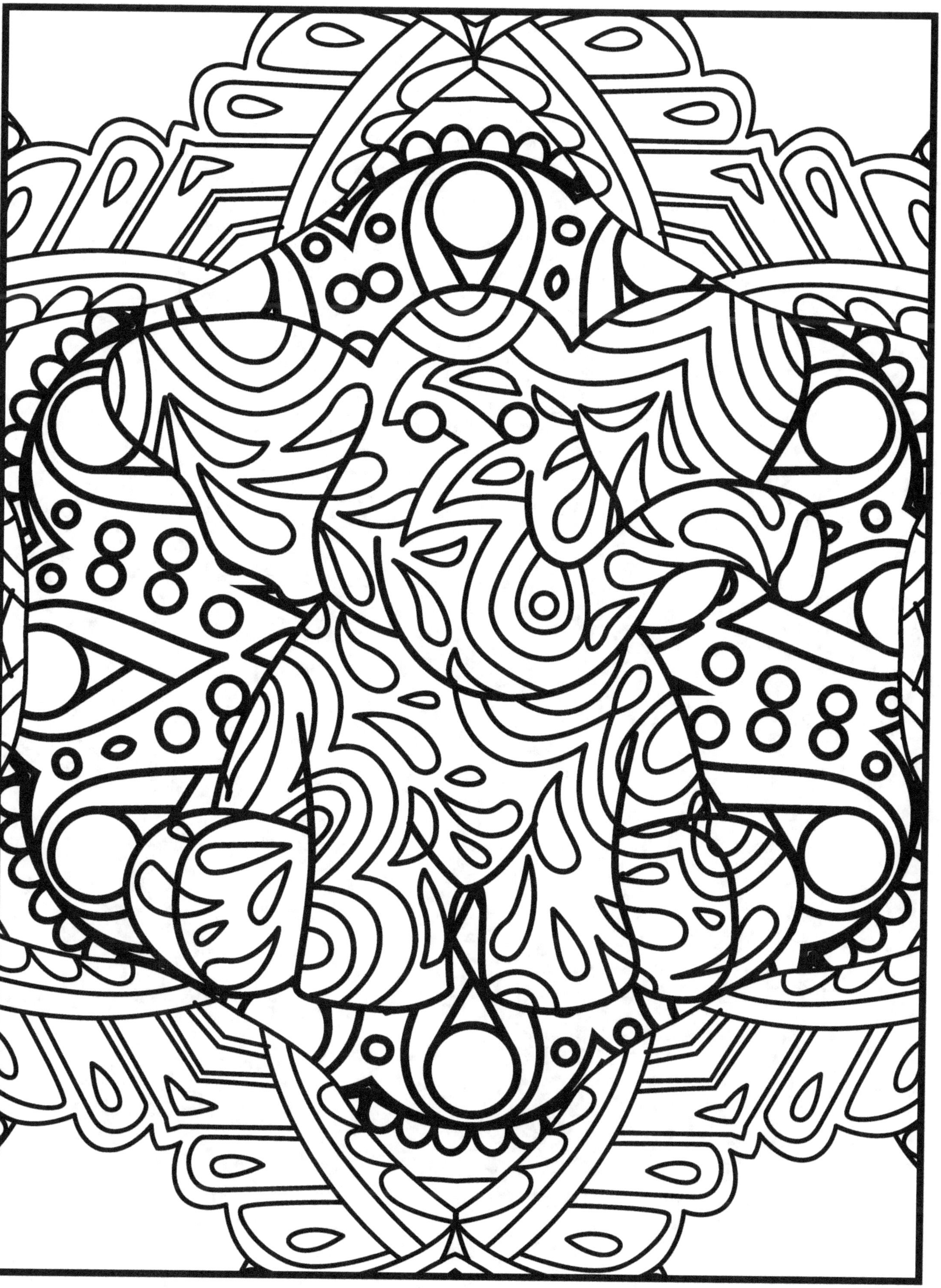

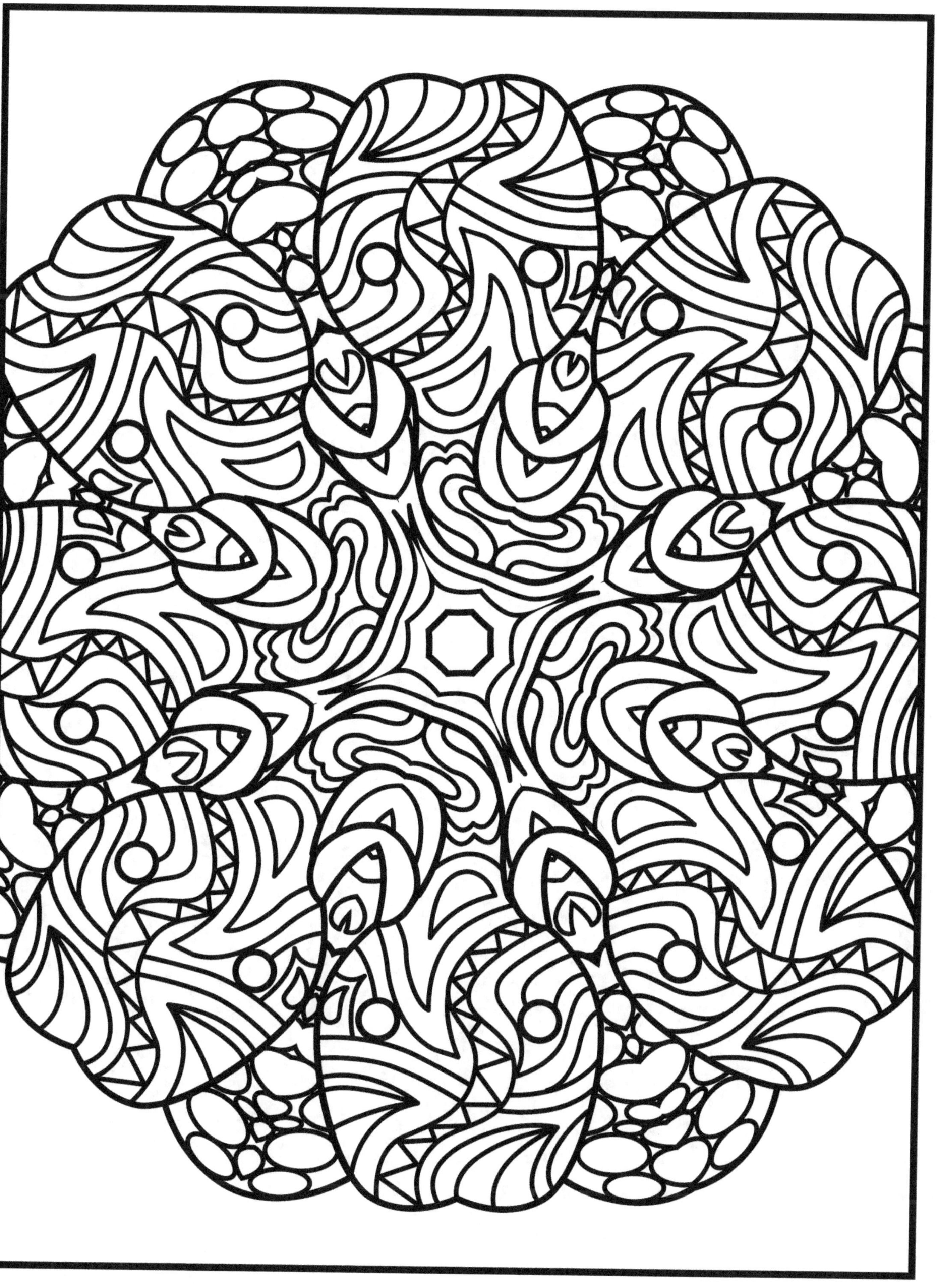

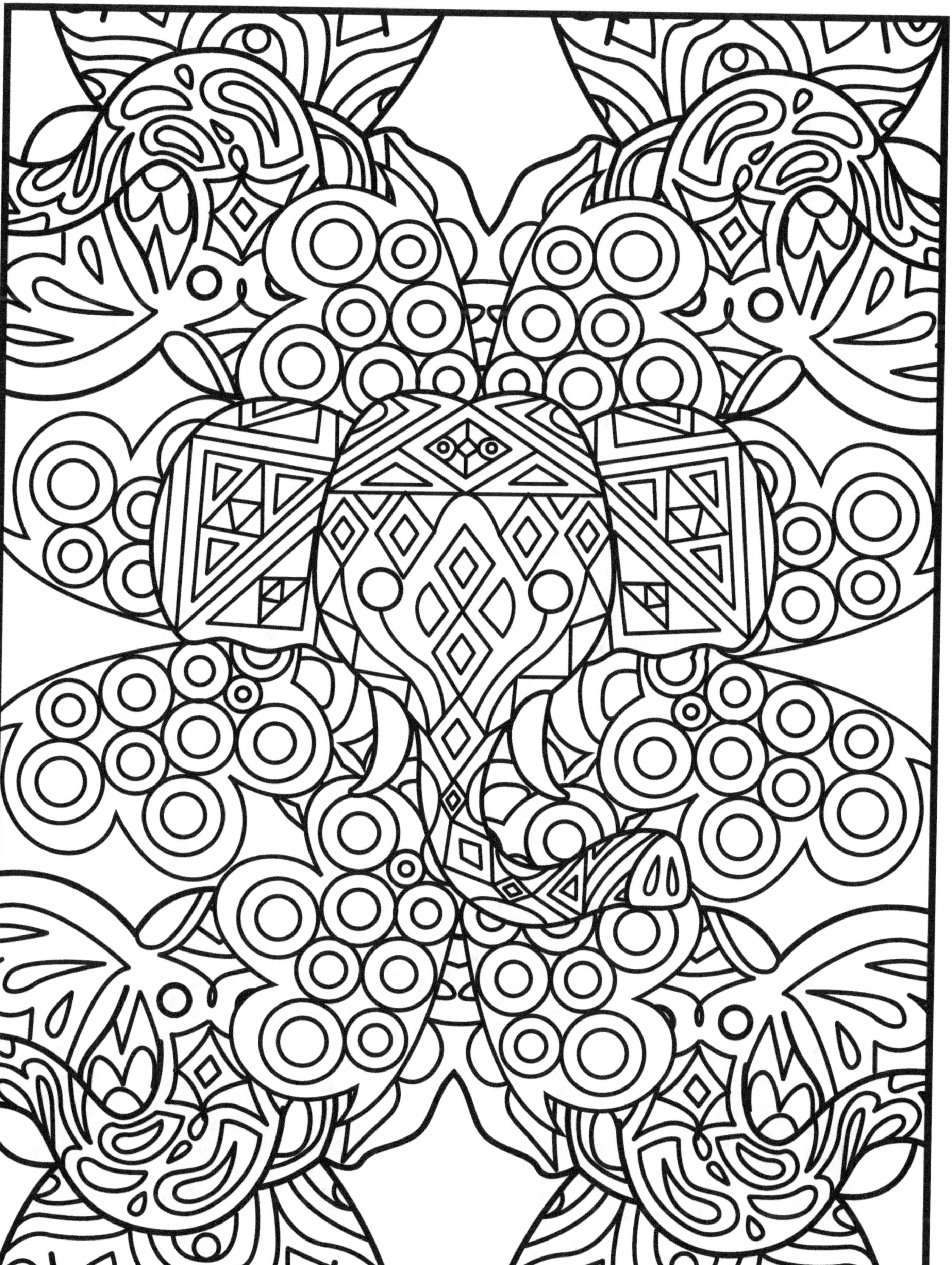

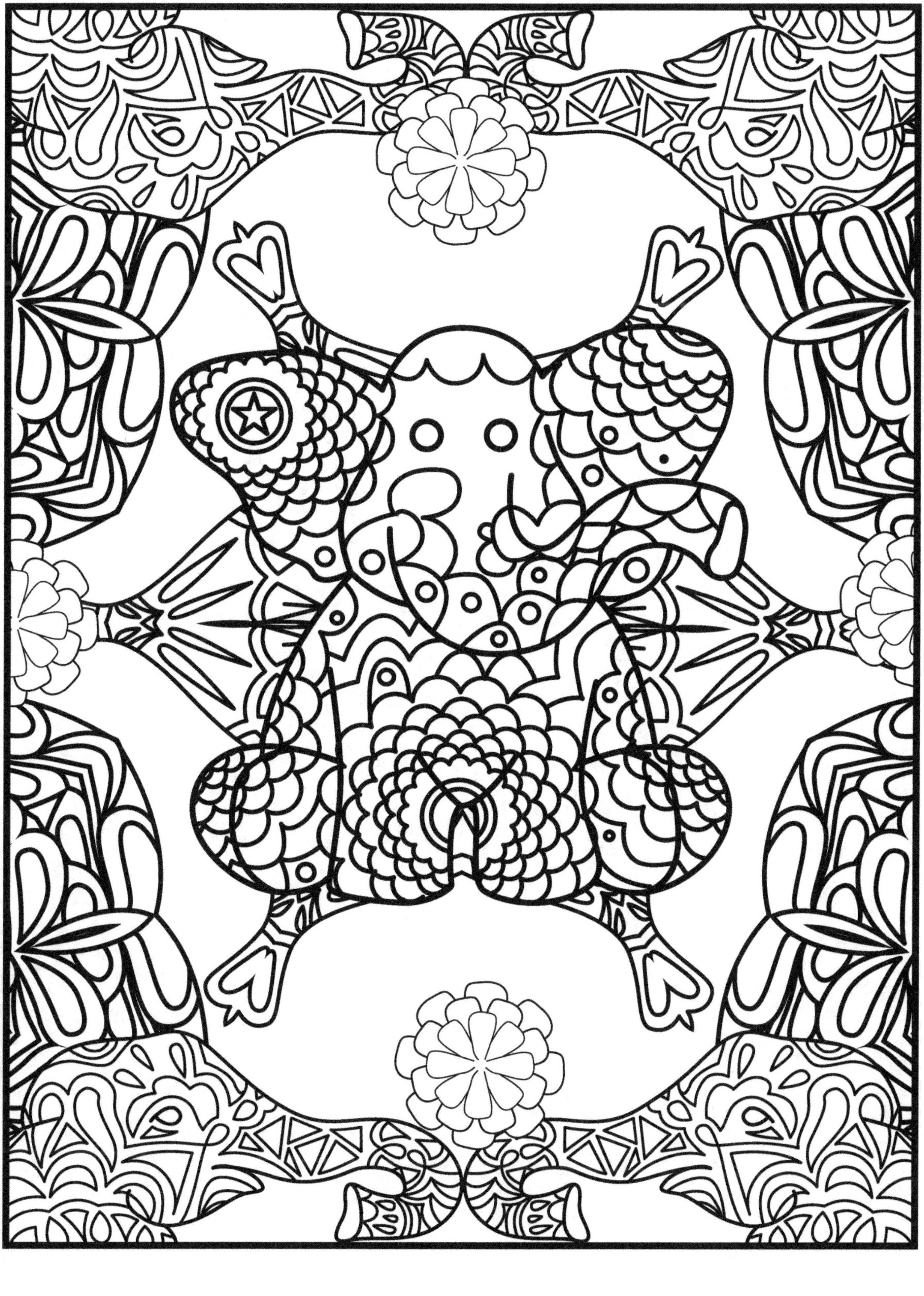

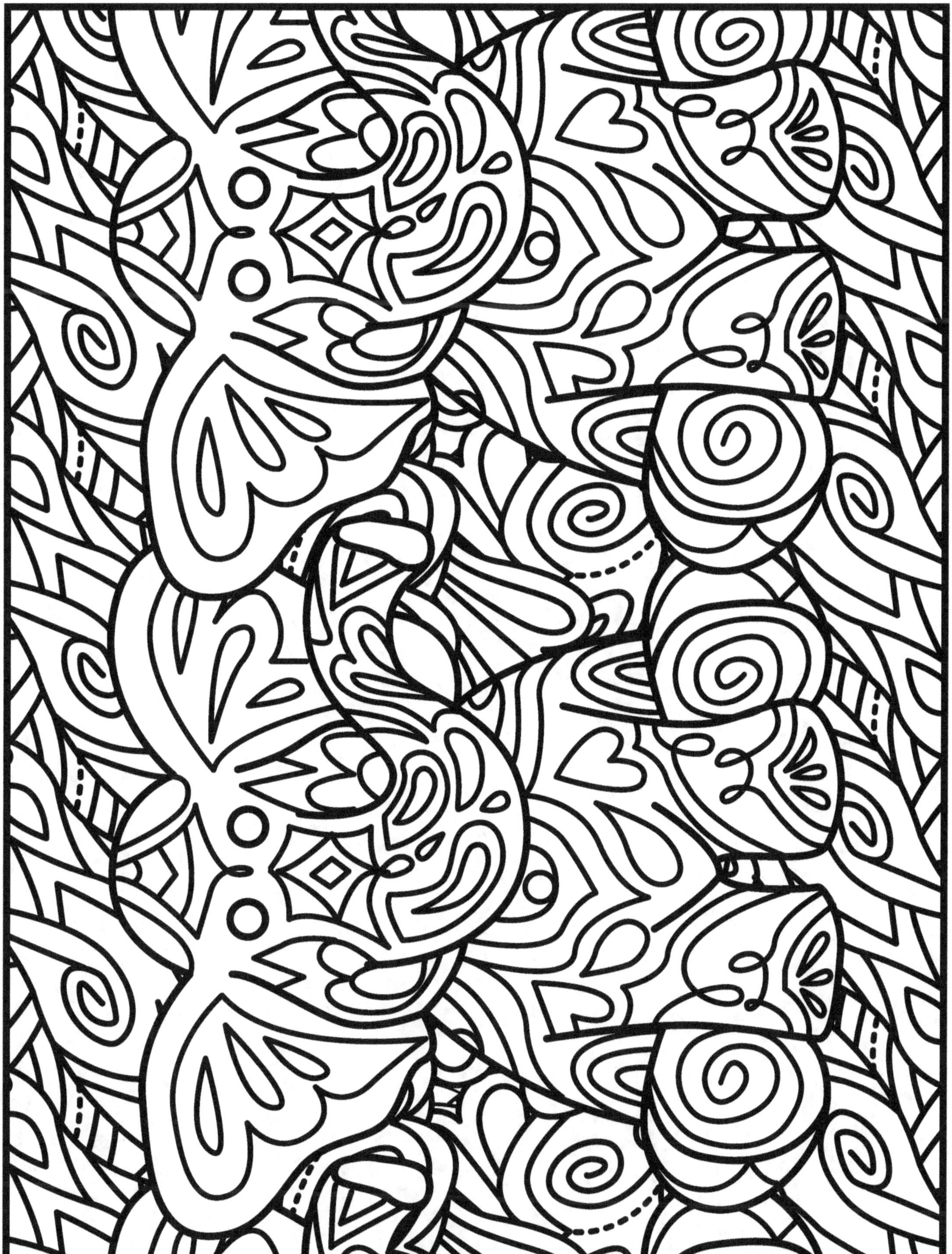

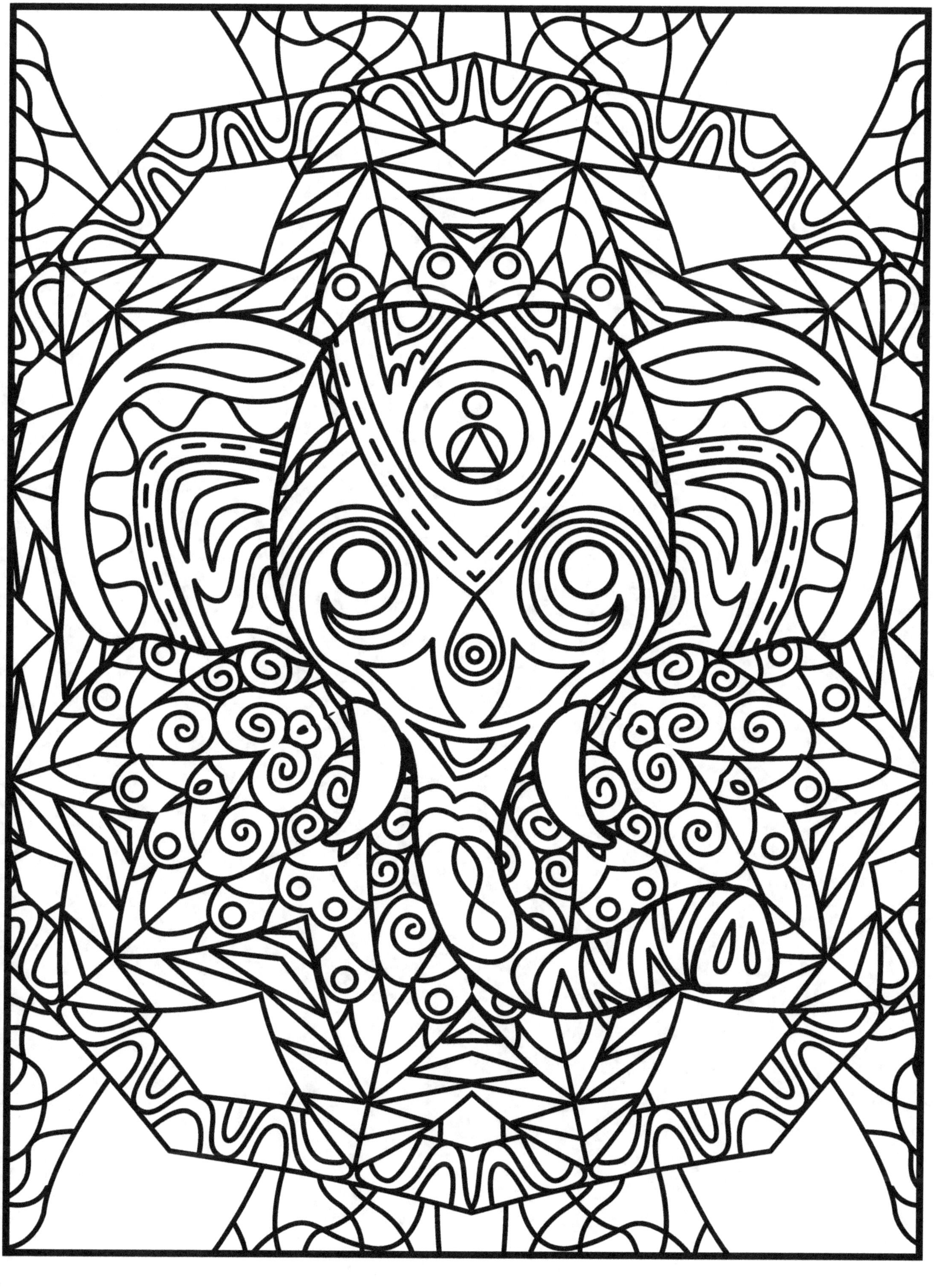

www.ingramcontent.com/pod-product-compliance
Lightning Source LLC
Chambersburg PA
CBHW082013290526
45787CB00017B/3278
* 9 7 8 1 5 1 9 6 0 6 1 8 1 *